解决大党独有难题

颜晓峰　等著

中共党史出版社

图书在版编目（CIP）数据

解决大党独有难题 / 颜晓峰等著 . -- 北京：中共党史出版社，2024.1

ISBN 978-7-5098-6377-0

Ⅰ. ①解… Ⅱ. ①颜… Ⅲ. ①中国共产党—党的建设—研究 Ⅳ. ①D26

中国国家版本馆 CIP 数据核字（2023）第 172261 号

书　　名：解决大党独有难题
作　　者：颜晓峰等

出版发行：中共党史出版社
责任编辑：姚建萍　李杨
责任校对：申宁
责任印制：段文超
社　　址：北京市海淀区芙蓉里南街 6 号院 1 号楼　邮编：100080
网　　址：www.dscbs.com
经　　销：新华书店
印　　刷：北京盛通印刷股份有限公司
开　　本：680mm × 960mm　1/16
字　　数：180 千字
印　　张：13.5
版　　次：2024 年 1 月第 1 版
印　　次：2024 年 1 月第 1 次印刷
书　　号：ISBN 978-7-5098-6377-0
定　　价：45.00 元

此书如有印装质量问题，请联系中共党史出版社读者服务部　电话：010-83072535

目 录

第一章

时刻保持解决大党独有难题的清醒和坚定

党的十八大以来，以习近平同志为核心的党中央，深入回答建设长期执政的马克思主义政党重大时代课题，找到了自我革命这一跳出历史周期率的第二个答案。时刻保持解决大党独有难题的清醒和坚定，则是建设长期执政的马克思主义政党的题中之义，是党的自我革命的内在要求。习近平总书记紧紧围绕“如何始终不忘初心、牢记使命，如何始终统一思想、统一意志、统一行动，如何始终具备强大的执政能力和领导水平，如何始终保持干事创业精神状态，如何始终能够及时发现和解决自身存在的问题，如何始终保持风清气正的政治生态”①，破解大党独有难题，推进和深化了全面从严治党的理论和实践，进一步深入回答了新时代党的领导和党的建设的重大课题，拓展了党的自我革命的丰富内涵，进一步为新时代党的建设新的伟大工程指明了方向。

第一节　新时代新征程全面从严治党新的重大命题

党的二十大明确提出新时代新征程党的使命任务。治国必先治党，党兴才能国强，新时代新征程党的中心任务对深入推进全面从严治党提出新课题新要求。习近平总书记在党的二十大明确提出：“我们党作为世界上最大的马克思主义执政党，要始终赢得人民拥护、巩固长期执政地

① 习近平：《论党的自我革命》，党建读物出版社、中国方正出版社、中央文献出版社 2023 年版，第 352—354 页。

位，必须时刻保持解决大党独有难题的清醒和坚定。”[①] 这是站在新的历史起点上，着眼为实现党的使命任务提供坚强政治保证，准确把握新时代党的建设关键问题，推进治党兴党强党的重要路径，显示出马克思主义政党的高度政治自觉。

一、解决大党独有难题是全面从严治党的新认识新作为新进展

坚持党的领导必须加强党的建设，党要成为实现中华民族伟大复兴的坚强领导核心，必须始终管好党治好党。党的十八大之前一段时间里，党的建设新的伟大工程取得显著成效，同时一度出现管党不力、治党不严问题。党的二十大报告指出：“有些党员、干部政治信仰发生动摇，一些地方和部门形式主义、官僚主义、享乐主义和奢靡之风屡禁不止，特权思想和特权现象较为严重，一些贪腐问题触目惊心”[②]。如果不定下决心，坚定不移全面从严治党，有效遏制腐败蔓延趋势，我们党就会失去人民支持和拥护，就会失去执政地位，被历史淘汰。正是出于这样一种高度的历史责任感和使命感，以习近平同志为核心的党中央立志于中华民族伟大复兴历史伟业，打铁必须自身硬，以前所未有的决心、意志和力度，进行党的自我革命，使党在革命性锻造中变得更加坚强有力。面对党内一系列突出矛盾和问题，党中央全面部署、扎实推进新时代党的建设新的伟大工程，打出一套全面从严治党的“组合拳”，刀刃向内、刮骨疗毒，不留死角、不搞变通，防止虎头蛇尾、前紧后松，形成全面从严治党常态化机制。经过不懈努力，管党治党宽松软状况得到根本扭转，党内政治生态呈现出风清气正的面貌。

---

① 习近平：《高举中国特色社会主义伟大旗帜　为全面建设社会主义现代化国家而团结奋斗——在中国共产党第二十次全国代表大会上的报告》，人民出版社 2022 年版，第 63 页。

② 习近平：《高举中国特色社会主义伟大旗帜　为全面建设社会主义现代化国家而团结奋斗——在中国共产党第二十次全国代表大会上的报告》，人民出版社 2022 年版，第 5 页。

新时代党的建设新的伟大工程已经取得重大进展，但不是完成式、还是进行时，不能一劳永逸、不可鸣金收兵。全面从严治党是新时代党的自我革命的伟大实践，以党的自我革命引领伟大社会革命是新时代取得伟大变革的基本经验。党的二十大确定了新时代新征程党的使命任务，全面建设社会主义现代化国家迈上新征程，党领导的伟大社会革命也迈上新征程，党的自我革命更要迈出新步伐、取得新进展、展现新气象。正是在这样重要的历史节点上，习近平总书记告诫全党必须时刻保持解决大党独有难题的清醒和坚定，指明了继续推进党的自我革命的重点方向和重大课题。坚持问题导向是新时代进行伟大社会革命的重要方法论，进行自我革命同样要坚持问题导向。解决大党独有难题是回答跳出历史周期率问题的现实指向，是回答建设长期执政的马克思主义政党重大时代课题的核心问题，由此也成为党的自我革命展现新气象的攻关目标。在解决大党独有难题上取得新突破，党的自我革命就能展现新气象。

新时代新征程，党的中心任务是全面建成社会主义现代化强国、实现第二个百年奋斗目标。这个中心任务能否完成，关键在党的执政地位、领导能力和自身建设，全面从严治党是实现党的中心任务的政治保证。站在新的起点上，党的建设怎样才能适应新的使命任务要求，把自身打得更硬，打出更硬的铁，首先就要对全面从严治党有新的认识。党的十八大以来，全面从严治党的着眼点和着力点，都是要解决党内存在的各种突出矛盾和问题，都是要祛除腐败这个危害党的生命力和战斗力的最大毒瘤。全面从严治党永远在路上，这条路是不断向纵深发展的路，路上的每一阶段都有特定的目标任务，都将全面从严治党引向新的境界。提出时刻保持解决大党独有难题的清醒和坚定，表明形成了全面从严治党最为重要的新认识，这就是将解决党内一系列突出矛盾和问题，聚焦为解决以“六个如何始终”为重点的大党独有难题。大党独有难题这一概念的提出，“六个如何始终”的难题内涵概括，都是全面从严治党的新认识，也是全面从严治党的新目标。

全面从严治党是党的长期战略、永恒课题，这就决定了在全面从严治党上不断有新的作为才能长久下去、持之以恒。在二十届中央纪委二次全会上，习近平总书记强调构建全面从严治党体系是一项具有全局性、开创性的工作。可以说，构建全面从严治党体系就是全面从严治党新的作为的重要方向。构建全面从严治党体系才能使得党的各方面建设有机衔接、联动集成、协同协调，保证全面从严治党在各领域的全覆盖；才能使得体制机制的健全完善和法规制度的科学有效，保证全面从严治党在体制机制上的全贯通。构建全面从严治党体系有着鲜明的问题导向和明确的目标指向，其中就包括解决大党独有难题。在二十届中央纪委二次全会上的重要讲话中，习近平总书记同时提出解决“六个如何始终”的大党独有难题和构建全面从严治党体系的战略任务，本身就表明了二者之间的内在相关性。解决大党独有难题依靠内容上全涵盖、对象上全覆盖、责任上全链条、制度上全贯通的全面从严治党体系，构建全面从严治党体系是运用治理的理念、系统的观念、辩证的思维管党治党建设党，解决大党独有难题。

二、解决大党独有难题是准确认识新的历史方位、使命任务、复杂环境的政治自觉

党的十八大以来，全面从严治党十年磨一剑。在党的二十大上，习近平总书记在深刻总结马克思主义执政党建设经验和规律的基础上，着眼于党的事业长远大计，进一步要求全党时刻保持解决大党独有难题的清醒和坚定，提出了全面从严治党新的战略任务。这是从新时代新征程党所处的历史方位出发，从党担负的新的使命任务出发，从面临国际国内新的战略机遇挑战出发，坚守党的根本性质，深刻把握党情发展变化，继续推进新时代新征程全面从严治党，提出的一个新的重大命题。

回答好这个新的重大命题，关系到党和国家事业长治久安、兴旺发达，关系到第二个百年奋斗目标的实现，关系到人民幸福生活的保证。

站在新的历史方位提出和审视大党独有难题。新中国成立前夕，我们党将由一个夺取政权的党转变为执政的党。在党的七届二中全会上，毛泽东清醒地看到了党处于执政地位将面临新的考验，要求全党做到“两个务必”。从新中国成立到党的二十大，我们党已经连续执政 73 年，成为一个长期执政的马克思主义政党。面对这样一种历史条件，大党独有难题就有其新的时代内涵，有其特有的难处。长期执政容易失去忧患意识，长期的相对和平环境使得一些党员干部看不到外部威胁，综合国力大幅增强也使得一些党员干部自以为天下太平。长期执政容易丧失奋斗精神，打江山时必须保持奋斗精神，执政后就可能斗志衰退，承平日久更有可能精神懈怠、追求享乐。长期执政容易强化利益诱惑，改革开放和发展社会主义市场经济创造了巨大的社会财富，党的执政资源也相应增长，党员干部面对的利益诱惑和“围猎”考验也相应加大。长期执政容易脱离人民监督，执政后党和群众的关系出现新情况新变化，长期执政也使得一些党员干部不愿接受人民监督，形成失控的权力。

面对新的使命任务思考大党独有难题。习近平总书记在十四届人大一次会议上的讲话中指出：“从现在起到本世纪中叶，全面建成社会主义现代化强国、全面推进中华民族伟大复兴，是全党全国人民的中心任务。”[①] 解决大党独有难题，是在全面建设社会主义现代化强国进程中新的重大命题。全面建成小康社会之后，党带领人民迈上了新的赶考之路。以中国式现代化全面推进中华民族伟大复兴之所以成为我们党新的赶考，是因为在世界现代化的历史上，建成社会主义现代化强国是前无古人的伟大创举。我们党带领人民建立了新中国，进行了社会主义革命和建设，

① 习近平：《在第十四届全国人民代表大会第一次会议上的讲话》，《人民日报》2023 年 3 月 14 日。

开创了中国特色社会主义，全面建成了小康社会。能否再接再厉，全面建成社会主义现代化国家，仍然有待于全党继续努力、开拓创新，创造新的伟业。打成中国式现代化这块“铁”，党的自身能力和素质硬不硬至关重要。必须正视党的建设存在的问题，下大决心解决大党独有难题，在党的建设关键问题上精准发力，厉兵秣马再登程。

面对新的复杂环境回应大党独有难题。迈上新征程，我国发展进入战略机遇和风险挑战并存、不确定难预料因素增多的时期，国内和国际、党内和党外、经济和政治、自然和社会，都存在着风险隐患，必须准备应对重大风险挑战。解决大党独有难题是战胜各种风险挑战新的重大命题。战胜风险挑战首先要有强烈的忧患意识，忧党忧国，居安思危。在一些党员干部的脑子里，自己的事、家庭的事、亲友的事想得过多，而对党之大事、“国之大者”却很少放在心上。战胜风险挑战要求具有未雨绸缪、防患未然的自觉意识，具有化危为机、转危为安的高超能力，而在干部队伍中“本领恐慌”是一个突出问题。这种自觉意识是在广大党员干部以党的事业、人民利益为重的精神品格中强化起来的，这种高超能力是在各级党组织和干部努力提高领导能力、执政能力的过程中培养出来的。只有破除削弱党的凝聚力、创造力、战斗力的各种因素，有效解决大党独有难题，党才能复杂局面不迷惑、风险来临不退缩，带领人民经受新的重大考验，让复兴号巨轮乘风破浪，驶向美好的未来。

三、解决大党独有难题是深刻把握党的根本性质和党情发展变化的历史主动

在遵循历史规律的基础上掌握历史主动，是我们党能够战胜风险挑战、克服不利条件、改变被动地位的重要法宝。掌握历史主动，是在正视矛盾、抓住问题、化解难题的过程中实现的。解决大党独有难题，是习近平总书记深刻把握党的根本性质和党情发展变化，对新时代新征程

全面从严治党提出的新的重大命题，是党在新征程上努力掌握历史主动的重大方略，对于确保完成党的中心任务具有重要意义。

解决大党独有难题是深刻把握党的根本性质的历史主动。我们党是马克思主义政党，是“两个先锋队”，走在时代前列，具有先进性。党的先进性不是一劳永逸的，过去先进不等于永远先进，保持党的先进性是一个永恒的课题。在现实生活中，“四大考验”是严峻的，“四种危险”是紧迫的，部分党员干部包括领导干部经不住考验、跳不出危险，严重违纪违法，逐步丧失共产党员的先进性。党员的先进性是党的先进性的基础，保持党的先进性就必须从保持党员特别是各级干部的先进性做起，保持全党的先进性就能确保党不变质、不变色、不变味。解决大党独有难题，是与削弱党的先进性各种因素作斗争的过程，党就能够在坚守党的根本性质上占据历史主动。一些党员干部，走着走着就忘了从哪里来，要到哪里去，理想信念、党的使命抛到脑后，有的不仅不为党的事业而奋斗，而且成为某些利益集团的代言人，同党离心离德。全面从严治党，进行不忘初心、牢记使命的主题教育，用习近平新时代中国特色社会主义思想凝心铸魂，就能够有效推动全党强基固本，保证党的根本性质不改变。党的先进性不是自然而然就能长期保持下去的，必须具有高度的历史自觉和政治自觉，清醒认识到面临的严峻挑战，下大决心解决难题，在拒腐蚀、抗感染、治顽疾的过程中健身强体，掌握始终保持党的先进性的历史主动。

解决大党独有难题是深刻把握党情发展变化的历史主动。我们党历史长，已成立 100 多年，百年恰是风华正茂，但也要时刻警惕变得老态龙钟、步履蹒跚、疾病缠身。党的青春活力是在经常强身健体中保持出来的，放松锻炼就有可能患上“老年病”。我们党执政久，已执政 70 多年，还将长期执政。执政时间越长，经受执政考验就越不容易，对执政风险就要越加防范，巩固执政地位就越不能掉以轻心。我们党规模大，已有9800多万党员，500多万个党的基层组织，是世界最大政党。大党有大党的优势，也有大党的难题，其中包括大党治理的难题，不仅要管好治好世界第一大执政党，而且要使这样一个大党始终保持先进性。我们党成员不断更新，每年都有大批新人加入党的队伍，这表明了党在人民群众心中的重要地位。同时，加强对新党员的党性教育任务艰巨，既要组织上入党，更要思想上入党，并且思想上入党要一生一世。我们党所处的思想环境价值多样，国际意识形态领域斗争激烈，国内舆论阵地时有风波。党员不是生活在真空中，不可能不接触错误的价值观，只能在抵御错误思想侵蚀中树立正确的价值观。党情的发展变化，对推进新时代党的建设新的伟大工程提出新的要求，必须紧紧围绕"六个如何始终"，切实解决大党独有难题。这就是我们党以主动求变应对党情变化，确保始终立于不败之地。

第二节　集中解决"六个如何始终"的大党独有难题

大党独有难题，这是世界上最大的马克思主义执政党的独有难题，是在世界上人口最多的国家之一治国理政的独有难题，是长期执政70多年条件下的独有难题，是应对"四大考验""四种危险"的独有难题，是带领人民建成前所未有的社会主义现代化强国的独有难题。大党独有难题，这是跳出治乱兴衰的历史周期率，深化共产党执政规律的独有难题，是勇于进行党的自我革命，创造百年大党不断壮大新的奇迹的独有难题，是党员干部始终坚守党的初心使命，为人民更加美好生活拼搏奉献、不懈奋斗的独有难题。大党独有难题，表现在许多方面，"六个如何始终"抓住了重点和关键，是从党的理想信念、组织力量、领导能力、精神状态、自纠机制、政治生态等方面入手，着力解决大党独有难题。"六个如何始终”是时刻保持解决大党独有难题的清醒和坚定的目标化、实践化，为解决大党独有难题提供了前进方向。

一、如何始终不忘初心、牢记使命

如何始终不忘初心、牢记使命，是大党独有难题的第一大难题，表明这个问题在新时代党的建设中的重要地位，是起统领作用的。党的建党先驱们在成立中国共产党之时，就确立了为中国人民谋幸福、为中华民族谋复兴的初心使命。100 多年来，一代代老党员逝去，一批批新党员加入，怎样让没有经过血与火、生与死考验的新党员牢记初心使命，端正入党动机，决不入党谋私，是建设长期执政的马克思主义政党的基础性问题。立党为公、执政为民，要在每一个党员心中扎根，要从每个党员入党之时立起。

不忘初心、方得始终。不忘初心、牢记使命之所以成为难题，既是由于要在一代代共产党人中将党的初心使命永远传承下去，还是由于每一个党员的在党生涯，永葆初心也是一个终身课题。有些党员在入党时的誓言确实是发自肺腑的，但入党后因多种因素思想发生变化，守不住初心了。如同习近平总书记所说的，“党的事业伟大而艰巨、任重而道远，有人走着走着就忘记了为什么出发，忘记了共产主义远大理想和中国特色社会主义共同理想，忘记了我是谁、为了谁、依靠谁，从而丧失了共产党人的本色”。① 不忘初心需要内外兼修，守住初心就要抵御外部诱惑和压力。一些党员干部在复杂多变的社会大环境中，在意识形态冲突和斗争中，缺乏明辨是非、坚守原则的能力，初心逐步泯灭，不知不觉地成为腐朽思想的俘虏。有的为民奉献一阵子还能做到，甘于奉献一

① 习近平:《论党的自我革命》，党建读物出版社、中国方正出版社、中央文献出版社 2023 年版，第 352 页。

辈子就难以做到。

提出大党独有难题，就是为了很好解决这些难题。怎样始终不忘初心、牢记使命，党的十九大部署在全党开展“不忘初心、牢记使命”主题教育，就是解决这个难题的重大举措。这个主题教育，不是一次性的，而是要把不忘初心、牢记使命作为加强党的建设的永恒课题，作为党员干部的终身课题，常抓不懈，在思想教育中以党的创新理论滋养初心，在党的光荣历史中找寻初心，在党内政治生活中锤炼初心，从而让初心保质保鲜，在勤打扫中防止蒙尘褪色，在勤滋养中不使干涸枯萎。不忘初心、牢记使命，必须形成长效机制。党的十九届四中全会提出建立不忘初心、牢记使命的制度，同党内法规制度融会贯通，采取务实管用的措施，推动不忘初心、牢记使命落实落地。不忘初心、牢记使命，领导机关和领导干部必须做表率、打头阵。

二、如何始终统一思想、统一意志、统一行动

践行党的初心使命，必然要求建设一个具有高度统一性、强大凝聚力、坚韧战斗力、严格纪律性的马克思主义政党。我们党能够从小到大、以弱胜强，战胜无数艰难困苦，全党统一思想、统一意志、统一行动，是极端重要的因素。党的十八大以来，加强和维护党中央权威和集中统一领导，全党思想上更加统一、政治上更加团结、行动上更加一致。新征程上，要完成的使命任务艰巨空前，要战胜的惊涛骇浪艰难空前，对全党“三统一”的要求更加迫切、更加重要。

始终保持统一思想、统一意志、统一行动成为大党独有难题，是因为党的规模越大，做到“三统一”越难。一是规模大增加了统一思想的难度。改革发展、科技创新，形成了许多新的行业和职业，党员的来源多种、成分多样，社会利益多元化、价值观念多样化也反映在党内，党员思想不是“清一色”，统一全党思想任务艰巨。二是规模大增加了统

一意志的难度。党的组织体系从中央到基层有若干层级，广大党员分布在各地区各部门，分布在500多万个基层党组织，让党的意志成为党的各级组织、全体党员的共同意志是难度很大的工程。三是规模大增加了统一行动的难度。步调一致才能得胜利，大党的步调一致尤其重要，也尤其不易。习近平总书记指出："党的规模大了，一些人容易出现搞小山头、小圈子、小团伙现象，容易出现尾大不掉、自行其是问题，破坏党的团结统一，影响党的凝聚力战斗力。"①

新时代"两个确立"具有决定性意义，是始终"三统一"的根本保证。坚定维护习近平总书记党中央的核心、全党的核心地位，强化了"三统一"的政治基础。坚持不懈用习近平新时代中国特色社会主义思想凝心聚魂，打牢了"三统一"的思想基础。全党增强"四个意识"，确保党中央权威和集中统一领导，确保党总揽全局、协调各方的领导核心作用，自觉在思想上政治上行动上同以习近平同志为核心的党中央保持高度一致，保证了全党在重大问题、严峻形势面前始终心往一处想、劲往一处使，凝心聚力、众志成城，斗志昂扬开新局、步调一致向前进。全面从严治党严明党的政治纪律和政治规矩，防止和反对个人主义、分散主义、自由主义、本位主义等，推动营造风清气正的良好政治生态，党在革命性锻造中更加坚强。

三、如何始终具备强大的执政能力和领导水平

在世界上最大的社会主义国家、最大的发展中国家长期执政，领导着14亿多人口，朝着全面建成社会主义现代化强国的目标迈进，都是前所未有的创造性实践，对党的执政能力和领导水平都提出了很高的要求。

---

① 习近平：《论党的自我革命》，党建读物出版社、中国方正出版社、中央文献出版社2023年版，第352页。

党面对的执政考验不仅包括决不以权谋私的考验，而且包括能否实现国家治理现代化的考验。全面建设社会主义现代化国家，是在党的领导下进行的，党自身的现代化素质和领导现代化的能力至关重要。新征程上的执政考验，很重要的方面就是能否建成社会主义现代化强国。

始终具备强大的执政能力和领导水平成为大党独有难题，是由于党的执政能力和领导水平不是静止的，而是要随着党的执政使命的变化不断提高。全面建设社会主义现代化国家是一个新课题，党领导全面现代化的能力不是自然而然提高的，而是要继续学习、自觉提高、努力胜任。成为大党独有难题，是由于在长期执政条件下，一些党员、干部形成了不同程度的思维惯性、行为惰性，其中有些积习已经不适应新时代新征程的需要，但又难以一时改变，还有一些相沿成习成为弊端的老观念、老套路、老办法，无形中成为全面推进中国式现代化的阻碍因素。成为大党独有难题，是由于随着国家治理体系的专业性增强、分工细化，新的职能部门设置，干部队伍同时不断发展壮大，这就带来了干部良莠并存、参差不齐的问题，一些干部德不配位、能不配职，影响了治理效率。

建设长期执政的马克思主义政党，必然要求建设始终具备强大的执政能力和领导水平的马克思主义政党。新的历史条件下，必须紧紧围绕确保适应新时代要求、具备领导现代化建设能力，提高全党和各级领导干部的执政能力和领导水平，将其作为新时代党的建设新的伟大工程重要内容，切实抓紧抓好、抓出成效来。要与时俱进提高科学执政、民主执政、依法执政水平，推进中国式现代化的领导能力和水平。这突出体现在运用中国化时代化马克思主义最新成果、发展全过程人民民主、建设社会主义法治国家上，体现在树立与现代化建设要求相适应的战略思维、历史思维、辩证思维、系统思维、创新思维、法治思维、底线思维上。要着力克服干部队伍中存在的能力不足、本领恐慌，增强提高能力、锻炼本领的紧迫感，促进各级干部做到政治过硬、本领高强，堪当民族复兴重任，建设一支干在实处、走在前列的干部队伍。

四、如何始终保持干事创业精神状态

推进伟大事业，必须要有敢于拼搏、攻坚克难的奋斗精神。中国共产党的成功和胜利，一个十分重要的原因，就是党的伟大精神铸就的强大精神力量。有了这种精神力量，即使处于危难局面，也能冲破险境、开辟新局；失去这种精神力量，即使看似岁月静好，也可能不堪一击、轰然坍塌。新时代是干事创业的新时代，是建功立业的好时机，全党始终保持干事创业的精神状态，发扬建功立业的奋斗精神，实现伟大梦想就有了强大精神力量，就能够干出时代大事、创成历史大业。

精神状态是人或群体的内部因素和外部因素相互作用的产物，奋斗精神需要“磨刀石”“激活剂”。始终保持干事创业精神状态成为大党独有难题，和外部环境变化有很大关系。在危机面前、生死关头，面对重大压力，往往能够激发出背水一战的激情和破釜沉舟的血性，而环境变了就容易精神懈怠、斗志衰退。我们党在相对和平的环境中执政 70 多年了，承平日久，许多党员、干部从家门、校门到机关门，没有经历过生死考验，缺乏严峻斗争和艰苦环境的磨砺，还没有塑造出“一不怕苦、二不怕死”的革命精神。在物质生活越来越丰富、享受欲望越来越容易得到满足的情况下，不少人容易追求安逸享乐而意志消沉、不思进取，把党和国家事业置于脑后。新时代干事创业是在具有许多新的历史特点的伟大斗争中展开的，一些党员干部在应对日常事务、在例行公务的程序中还能驾轻就熟，但在应对来自多方面风险挑战的重大斗争中，就表现得惊慌失措、行为失常，在精神上打了败仗。

我们党践行初心使命，就必须始终保持艰苦奋斗的政治本色，以此作为干事创业的精神状态。以伟大建党精神为源头的中国共产党人精神谱系，是党的伟大精神的丰硕成果，是一代代共产党人干事创业的精神动力。弘扬伟大建党精神，就是鼓起奋进新征程的精气神，让党的精神血脉在一代代共产党人身上延续传承。好钢是锻造出来的，奋斗精神是磨炼出来的。要注重让党员干部在艰苦地区锻炼，在斗争一线打造，在紧急关头检验，在重大场合考验，注重提拔使用那些关键时刻站得出来、豁得出去、冲得上去的干部，支持扶持那些干出了大事、办成了难事，创出了新业、创成了大业的人才。新征程上，必须始终保持艰苦奋斗、奋发有为的精神，鼓励党员干部勇于担当作为，不断打开事业发展新天地。

五、如何始终能够及时发现和解决自身存在的问题

自知者明，自胜者强。马克思主义政党在历史进程中，自身不是进了“保险箱”，不会出问题，也会产生这样那样的问题甚至是严重的问题。马克思主义政党是否强大、能否不断强大，关键在于是否能够及时发现和解决自身存在的问题，始终保持自我净化、自我完善、自我革新、自我提高的能力。有了这种能力，党就能不断强大。堡垒最容易从内部被攻破，我们党作为世界最大政党，能打败我们的只有我们自己，要想不被打败，很大程度取决于有没有这种自我革命的勇气和能力。

人贵有自知之明，同时也意味着人难有自知之明。我们这么大一个党，有着光荣的历史、伟大的成就，能够及时发现和解决自身存在的问题成为大党独有难题，很重要的原因是一些人很容易在执政业绩光环的照耀下，出现忽略自身不足、忽视自身问题的现象，陷入“革别人命容易，革自己命难”的境地。从封建王朝、农民起义军的教训来看，我们党和国家的性质宗旨与他们有着本质区别，但以史为鉴可以知兴替。习近平总书记深刻指出：“功成名就时做到居安思危、保持创业初期那种励精图治的精神状态不容易，执掌政权后做到节俭内敛、敬终如始不容易，承平时期严以治吏、防腐戒奢不容易，重大变革关头顺乎潮流、顺

应民心不容易。”[①] 这“四个不容易”实际上还是及时发现和解决自身存在的问题不容易，既不容易发现，更不容易解决。

习近平总书记指出：“自我监督是世界性难题，是国家治理的哥德巴赫猜想。”[②] 经过长期努力，我们党找到了自我革命这一跳出历史周期率的第二个答案。毛泽东提出的人民监督第一个答案，是依靠人民民主发现和解决党存在的问题；习近平总书记提出的自我革命，是党自己发现、自己解决自身存在的问题。自我革命的思想和实践，是对解决自我监督的世界性难题、解答国家治理的哥德巴赫猜想的重大贡献。在自我革命中及时发现和解决自身存在的问题，就是要敢于坚持真理、修正错误，有错必纠、知错必改；始终站稳人民立场，顺乎潮流、顺应民心，为了人民利益刀刃向内、壮士断腕。这样才能保证我们党在世界形势深刻变化的历史进程中始终走在时代前列、朝着正确方向前进。

六、如何始终保持风清气正的政治生态

党内政治生态是党的建设状况的重要表现，同时又对党员干部的思想作风起着重要影响。政治生态好则党兴，政治生态优则党强。长期以来，各种弱化党的先进性、损害党的纯洁性的因素无时不有，各种侵蚀党的肌体健康的病毒无处不在。一段时间里，党内存在的“七个有之”问题严重污染党内政治生态，严重影响党的形象和威信。如果不发展积极健康的党内政治文化，对政治病毒不严加防范，对政治灰尘不积极打扫，久而久之党内政治生态必将积重难返，党就可能变质、变色、变味。

---

① 习近平：《论党的自我革命》，党建读物出版社、中国方正出版社、中央文献出版社 2023 年版，第 202、203 页。

② 习近平：《论党的自我革命》，党建读物出版社、中国方正出版社、中央文献出版社 2023 年版，第 226 页。

政治生态如同自然生态，不是一朝一夕形成的，同样也不是十天半月就能转变的。保持风清气正的政治生态，是一个持之以恒、锲而不舍的工程，一旦放松治理、放手不管，就会使得生态污染恶化，导致难以挽回的结果。政治生态和社会生态密切相关、相互影响，政治生态污染会传导至社会生态，社会生态染病也会传染至政治生态，必须统筹治理才能有效遏制不良风气在党内和社会的蔓延。新时代全面从严治党取得显著成效，党风政风官风为之一新，政治生态明显好转。同时也要看到，享乐主义、奢靡之风不时抬头，顶风违纪现象仍有发生，隐形变异行为不时抬头。由此可见始终保持风清气正的政治生态，确实是大党独有难题，必须常抓不懈、久久为功。

始终保持风清气正的政治生态，就要倍加珍惜党的十八大以来取得的积极成果，不断巩固，决不能放松放缓、死灰复燃。对不良风气的回潮现象，要紧盯不放、时刻防范，寸步不让、露头就打，从严查处那些顶风违纪行为。要坚持补钙壮骨、排毒杀菌、祛病疗伤、去腐生肌，自觉抵制歪风邪气，大力弘扬党的光荣传统和优良作风，涵养积极健康的党内政治文化，持续净化党内政治生态，汇聚激浊扬清的强大正能量，使党永远不改变性质和颜色。

第三节　解决大党独有难题是一个长期而艰巨的过程

提出大党独有难题是回答建设长期执政的马克思主义政党的重大成果。提出问题是为了解决问题，提出大党独有难题正是为了解决大党独有难题。大党独有难题尽管“独”、尽管“难”，对于历经千难万险走到今天、志在民族复兴千秋伟业的中国共产党人来说，大党独有难题是一个必须解决、正在解决、能够解决的难题，是一个在长期而艰巨的过程中，在永不停步的自我革命进程中逐步解决的难题。党在解决大党独有难题上，一定能交出一份新的优异答卷。

一、必须迈过的一道坎，必须啃下的硬骨头

“六个如何始终”成为大党独有难题，就意味着解决起来也会有相当难度，绝非是轻而易举的事情。中国共产党代表中国最广大人民根本利益，推进伟大社会革命不畏艰难险阻，劈波斩浪，推进党的自我革命同样不惧障碍阻力，义无反顾。我们有以习近平同志为核心的党中央的坚强领导，有9800多万党员兴党强党的共同意志，有14亿多人民的热切期盼，定能将大党独有难题转化为强党强国的特有途径和创新实践。

解决好大党独有难题，是实现新时代新征程党的使命任务必须迈过的一道坎。实现新的使命任务是党带领人民的一场新的长征，党要担负好先锋队的职责，就必须进行自我革命以增强战斗力和引领力。大党独有难题是横在前进道路上的一道坎，迈不过这道坎，不仅党的先进性纯洁性不能保持，党的执政地位不能巩固，而且第二个百年奋斗目标、中华民族伟大复兴都难以实现，我们就会失去机遇、失去优势、失去未来。苏共由于没有解决好自身的问题，最终导致亡党亡国，社会主义现代化夭折，教训十分深刻。解决好大党独有难题，是全面从严治党适应新形势新要求必须啃下的硬骨头。全面从严治党，既要适应全面建设社会主义现代化国家新征程的新形势新要求，也要适应新的赶考路上全面从严治党的新形势新要求。实现第二个百年奋斗目标，关键在党，解决不了大党独有难题，党就缺乏担当坚强领导核心的应有能力。全面从严治党的新形势新要求，包括百年大党在新的赶考之路交出新的优异答卷的形势要求，包括要把实现强国建设、民族复兴的历史使命和解决大党独有难题统一起来、相互促进的形势要求，包括要把跳出治乱兴衰的历史周

期率，回答建设长期执政的马克思主义政党重大时代课题，贯彻自我革命第二个答案的总方略，解决大党独有难题统一起来、协同推进的形势要求，包括要把“六个如何始终”每个难题的解决和整体性解决统一起来、大见成效的形势要求，在迈过沟坎、啃硬骨头的过程中解决大党独有难题，开创兴党强党新境界。

新时代全面从严治党，解决大党独有难题成效显著。同时还要清醒地认识到，大党独有难题既是问题之难，也是解决之难，解决大党独有难题必然是一个长期而艰巨的过程。这是因为党面对着全面建成社会主义现代化强国、以中国式现代化全面推进中华民族伟大复兴的历史使命，这个历史过程包括继续推进新时代党的建设新的伟大工程。历史使命牵引伟大工程，历史使命每向前推进一步，伟大工程也要随之达到新的高度。解决大党独有难题必然是一个长期而艰巨的过程，这是因为党面对着前进道路上风高浪急甚至惊涛骇浪的重大挑战。从世情看，人类社会面临前所未有的挑战；从国情看，我国改革发展稳定面临不少深层次矛盾躲不开、绕不过；从党情看，党的建设特别是党风廉政建设和反腐败斗争面临不少顽固性、多发性问题，等等。外部环境的影响会传导至党内，党内的问题又会影响应对重大挑战的能力，这就使得解决大党独有难题是在与外部环境影响互动中推进的，不是一条直线，会出现反复和曲折。解决大党独有难题必然是一个长期而艰巨的过程，这是因为党面对着长期存在的“四大考验”“四种危险”，这是在改革开放和发展社会主义市场经济条件下长期执政必然带来的考验和危险，党在长期执政过程中必须始终应对这些考验和危险。解决大党独有难题的难度，也在于形成大党独有难题的社会条件长期存在，这就加重了解决大党独有难题的长期性和艰巨性。党的二十大强调，“全党必须牢记，全面从严治党永远在路上，党的自我革命永远在路上，决不能有松劲歇脚、疲劳厌战的情绪，必须持之以恒推进全面从严治党，深入推进新时代党的建设新的伟大工程”[1]。这就是把全面从严治党、党的自我革命、解决大党独有难题作为同一项任务、同一个过程，尽管长期而艰巨也要坚决解决大党独有难题。

二、把全面从严治党作为党的长期战略、永恒课题

解决大党独有难题的长期性艰巨性，决定了全面从严治党永远在路上。习近平总书记指出：“我们一定要站在事关党长期执政、国家长治久安、人民幸福安康的高度，把全面从严治党作为党的长期战略、永恒课题。”[2] 要在全面从严治党的长期战略中一个个阶段、一个个布局中切实解决大党独有难题，在全面从严治党的永恒课题中一个个部分、一个个难题中推进解决大党独有难题。

全面从严治党作为党的长期战略、永恒课题，持续向纵深推进，依靠全党的共同努力，必须解决妨碍全面从严治党不停步的思想情绪和错误期待。一是要坚决摒弃权宜之计、一时之举的思想，长期抓全面从严治党，成为党的建设常态。要从共产党执政规律的高度深刻认识全面从严治党的长期性和永恒性，不能当成是一阵子的事，紧起来就管住了，松起来就老样子。要从治本的目标来推进全面从严治党，不能以为解决了一些表面性问题，就大功告成，可以收兵回营了。二是要坚决克服松劲歇脚、疲劳厌战的情绪，不能把党的建设各项活动当成全面从严治党的全部内容，活动来了抓一抓，活动结束歇一歇，更不能因管党治党对党员干部的约束而产生抵触。无论是党的整体还是党的每一个个体，都要自觉按照全面从严治党的新规新矩来约束自己，按照全面从严治党的

① 习近平：《高举中国特色社会主义伟大旗帜 为全面建设社会主义现代化国家而团结奋斗——在中国共产党第二十次全国代表大会上的报告》，人民出版社 2022 年版，第 64 页。

② 习近平：《论党的自我革命》，党建读物出版社、中国方正出版社、中央文献出版社 2023 年版，第 354 页。

新风新貌来塑造自己，始终绷紧这根弦。三是要坚决防止转变风向、降调变调的错误期待，锚定全面从严治党不转向，推进党的自我革命不降调，解决大党独有难题不变调。一些党员干部出于一己私利，总是期望全面从严治党早点停下来、最好走过场。全面从严治党实际上也是立党为公还是立党为私的斗争，立党为公、执政为民，必然要坚定不移将全面从严治党进行下去。

把全面从严治党作为党的长期战略、永恒课题，一是要始终坚持问题导向，在解决新时代新征程党的建设面临的现实和紧迫问题中推进全面从严治党，坚持问题导向最重要的就是坚持解决大党独有难题的问题导向。二是要保持战略定力，不为一些错误论调所左右，不因一些障碍阻力而退缩，为了党和国家的前途命运，为了人民的幸福安康，攻克一个个难题，实现一步步目标，书写百年大党新的恢弘史诗。三是要发扬彻底的自我革命精神。反腐败是最彻底的自我革命，党的二十大要求坚决打赢反腐败斗争攻坚战持久战，习近平总书记指出："只要存在腐败问题产生的土壤和条件，反腐败斗争就一刻不能停，必须永远吹冲锋号。"[①] 打赢反腐败斗争攻坚战持久战，是全面从严治党长期战略、永恒课题的重要内容，是全面从严治党取得成功的重要标志。四是要把严的基调、严的措施、严的氛围长期坚持下去，严不是只严在口头上纸面上，而是要严在党内政治生活的方方面面，严在对每一位党员干部的管理上，严在党的制度执行上，使全面从严治党成为深入党的机体之中的党内政治文化。

---

① 习近平：《高举中国特色社会主义伟大旗帜 为全面建设社会主义现代化国家而团结奋斗——在中国共产党第二十次全国代表大会上的报告》，人民出版社 2022 年版，第 69 页。

第二章

如何始终不忘初心、牢记使命

习近平总书记在庆祝中国共产党成立95周年大会上向全党发出“不忘初心、继续前进”的伟大号召。党的十九大报告清晰阐明了“中国共产党人的初心和使命，就是为中国人民谋幸福，为中华民族谋复兴”[①]。党的十九届六中全会通过的《中共中央关于党的百年奋斗重大成就和历史经验的决议》进一步要求全党“坚持理想信念，坚守初心使命”[②]。面向全面建设社会主义现代化强国的第二个百年奋斗目标，党的二十大报告明确指出，“全党同志务必不忘初心、牢记使命”[③]。习近平总书记在二十届中央纪委二次全会上再次强调全面从严治党永远在路上，概括提出了新时代新征程我们这个大党必须解决的独有难题，将“如何始终不忘初心、牢记使命”置于首位。把“如何始终不忘初心、牢记使命”作为必须解决好的大党独有难题，是我们党从对马克思主义政党属性的深刻认识中得出来的，是从“不忘来时路”的深刻总结中得出来的，是从“认清脚下路”的现实审视中得出来的，是从“面向奋进路”的清醒认识中得出来的，是加强党的建设的永恒课题。

① 习近平：《决胜全面建成小康社会 夺取新时代中国特色社会主义伟大胜利——在中国共产党第十九次全国代表大会上的报告》，人民出版社2017年版，第1页。

②《中共中央关于党的百年奋斗重大成就和历史经验的决议》，人民出版社2021年版，第64页。

③ 习近平：《高举中国特色社会主义伟大旗帜 为全面建设社会主义现代化国家而团结奋斗——在中国共产党第二十次全国代表大会上的报告》，人民出版社2022年版，第1页。

第一节　认识“如何始终不忘初心、牢记使命”独有难题的价值意义

中国共产党所具有的马克思主义政党的根本性质，所担负的为中国人民谋幸福、为中华民族谋复兴，为人类谋进步、为世界谋大同的历史使命，决定了其自身发展与价值实现必然面临如何永葆政党本色的独有难题。当前，中国共产党是具有重大全球影响力的世界第一大马克思主义执政党，从事的是前无古人的伟大事业，创造的是人类文明新形态。只有时刻保持应对“如何始终不忘初心、牢记使命”独有难题的清醒和坚定，才能永葆党的先进性和纯洁性，为实现全面建成社会主义现代化强国、以中国式现代化全面推进中华民族伟大复兴的崇高使命提供更为主动的精神力量和更加强大的行动力量。

一、永葆马克思主义政党本质属性的应有之义

始终保持马克思主义政党本色，是中国共产党的本性之所求、价值之所依。中国共产党是具有超大规模党员人数和组织体系的政党，是坚持共产主义最高理想和中国特色社会主义共同理想的马克思主义政党，是以中华民族伟大复兴为使命任务的中国无产阶级先锋队、中国人民和中华民族的先锋队。这既彰显出中国共产党“大的样子”，又体现着治党治国“大的难处”，内在决定了中国共产党必然要面对区别于其他政党的本质属性难题。

（一）保持马克思主义政党先进性的先决前提

马克思恩格斯在《共产党宣言》中指出，“在实践方面，共产党

人是各国工人政党中最坚决的、始终起推动作用的部分；在理论方面，他们胜过其余无产阶级群众的地方在于他们了解无产阶级运动的条件、进程和一般结果”①。崇高的理想信仰是马克思主义政党天然具有先进性的根本依据，科学的理论体系是马克思主义政党不断生成先进性的行动指南。中国共产党十分重视先进性建设，坚持把党的理想信念宗旨贯彻到党的全部工作之中。然而，“马克思主义政党的先进性和纯洁性不是随着时间推移而自然保持下去的”②。只有时刻保持解决“如何始终不忘初心、牢记使命”独有难题的清醒和坚定，党才能不断培固初心以发挥先进性的感召作用，持续践行使命以汲取先进性的生命活力。从而始终站在时代最前沿，不断深化对共产党执政规律、社会主义建设规律和人类社会发展规律的认识，为党长期执政筑牢根基。

（二）维系马克思主义政党革命性的信念支撑

马克思主义政党是无产阶级革命的领导者，以推翻资产阶级统治、实现无产阶级专政、建设全人类自由而全面发展的共产主义社会为奋斗目标。《共产党宣言》形象地将资产阶级眼中的共产党描述为“一个徘徊在欧洲上空的幽灵”，说的就是马克思主义政党要实现政治理想和远大抱负，就必须在世界目光的关注中，以崇高的奋斗目标、顽强的斗争精神、卓越的领导本领创造彪炳史册的人间奇迹，以此占据真理制高点、道义制高点、价值制高点。可以说，革命性是马克思主义政党的鲜明标识。中国共产党是马克思主义执政党，同时是马克思主义革命党，始终把为中国人民谋幸福、为中华民族谋复兴作为自己的初心使命，始终坚持共产主义理想和社会主义信念，团结带领全国各族人民为争取民族独

① 《马克思恩格斯文集》第 2 卷，人民出版社 2009 年版，第 44 页。

② 习近平：《在“不忘初心、牢记使命”主题教育总结大会上的讲话》，人民出版社 2020 年版，第 12 页。

立、人民解放和实现国家富强、人民幸福而不懈奋斗。当前，我们比历史上任何时期都更接近中华民族伟大复兴的目标，所面临的斗争形势也日益复杂严峻。只有时刻保持解决“如何始终不忘初心、牢记使命”独有难题的清醒和坚定，才能使全党牢牢记住“我们是共产党人，我们是革命者”，准确回答“中国共产党是什么、要干什么”①，时刻保持革命理想与革命斗志。从而始终站在攻坚克难的最前线，敢于斗争、善于斗争，以党的自我革命引领伟大社会革命。

（三）坚守马克思主义政党人民性的内在要求

“无产阶级的运动是绝大多数人的，为绝大多数人谋利益的独立的运动”②。在不同的历史时期和历史方位中，中国共产党始终坚持人民至上，强调执政地位和一切权力都来自于人民，除了人民利益之外，没有自己的特殊利益。毛泽东将“全心全意为人民服务”提升到党的唯一宗旨的高度，邓小平深刻指出，“工人阶级的政党不是把人民群众当作自己的工具，而是自觉地认定自己是人民群众在特定的历史时期为完成特定的历史任务的一种工具”③。面向新征程，习近平总书记强调，“必须始终把人民对美好生活的向往作为我们的奋斗目标”④。这既是中国共产党对历史发展规律的清醒认识，也是坚守初心使命的自觉担当。只有时刻保持解决“如何始终不忘初心、牢记使命”独有难题的清醒和坚定，才能使全党主动对标对表、校正偏差，自觉坚持以人民为中心，贯彻党的群众路线，切实想人民之所想，行人民之所嘱，真正顺应人民群众对美好生活的期待。从而始终站在人民群众最中间，从人民群众的衷心拥护中汲取

① 《习近平关于“不忘初心、牢记使命”论述摘编》，党建读物出版社、中央文献出版社2019年版，第15页。

② 《马克思恩格斯选集》第1卷，人民出版社2012年版，第411页。

③ 《邓小平文选》第1卷，人民出版社1994年版，第218页。

④ 《习近平关于“不忘初心、牢记使命”论述摘编》，党建读物出版社、中央文献出版社2019年版，第142页。

始终不忘初心、牢记使命的信心和力量。

二、实现中华民族伟大复兴的根本保证

习近平总书记指出，“实现中华民族伟大复兴，是鸦片战争以来中国人民最伟大的梦想，是中华民族的最高利益和根本利益”[①]。我们党领导中国人民进行的一切奋斗，归根到底都是为了实现这一伟大目标。中国共产党自成立之日起，就以明确的初心使命回应着夺取国家政权、建立先进社会制度、开创中国特色社会主义和建设社会主义现代化强国的价值诉求，为全党全国各族人民团结奋斗、实现中华民族伟大复兴提供根本保证。

（一）奠定中华民族伟大复兴的政治基础

面对近代以来中国陷入半殖民地半封建社会苦难深渊的状况，中国无数仁人志士前赴后继，探寻着救国救民的道路。然而，“太平天国运动、洋务运动、戊戌变法、义和团运动接连而起，各种救国方案轮番出台，但都以失败告终”[②]，都未能挽救中国社会的沉沦。在深刻总结辛亥革命历史成就和西式政党政治在中国失败教训的基础上，中国共产党将中国民主革命、民族解放运动与世界社会主义运动发展结合起来，找到了马克思列宁主义这一锐利的思想武器。党摆脱了以往一切政治力量追求自身特殊利益的局限，树立起为人民谋幸福、为民族谋复兴的初心使命，以全新的价值体系彻底转换了中国政治的发展逻辑和运行机制。在人民的信任与支持下，党坚守初心使命，领导人民实现了中华民

---

① 《习近平新时代中国特色社会主义思想学习纲要（2023年版）》，学习出版社、人民出版社2023年版，第52页。

② 《中共中央关于党的百年奋斗重大成就和历史经验的决议》，人民出版社2021年版，第3页。

族从半殖民地半封建社会到民族独立、人民当家作主新社会的历史性转变，结束了近代以后中国内忧外患、积贫积弱的悲惨命运，开启了中华民族不断发展壮大、走向伟大复兴的历史进程。越是接近民族复兴越不会一帆风顺，越充满风险挑战乃至惊涛骇浪。只有时刻保持解决“如何始终不忘初心、牢记使命”独有难题的清醒和坚定，才能不断夯实中华民族伟大复兴的政治基础，引领中国特色社会主义事业巍巍巨轮行稳致远。

（二）把握中华民族伟大复兴的前进方向

习近平总书记指出，“我们党团结带领人民进行的一切奋斗、一切牺牲、一切创造，都是在践行为中国人民谋幸福、为中华民族谋复兴的初心使命”①。在新民主主义革命时期，我们党团结带领中国人民推翻了三座大山的压迫，建立了人民民主专政的社会主义新中国，为民族复兴创造了重要的社会条件。在社会主义革命和建设时期，我们党团结带领中国人民实行全面的大规模的社会主义改造，形成了与具体国情相适应的政治制度，为民族复兴提供了重要的制度基础。在改革开放和社会主义现代化建设新时期，我们党团结带领中国人民解放和发展社会生产力，为民族复兴奠定了物质支撑和体制保障。中国特色社会主义进入新时代，党团结带领中国人民统筹把握中华民族伟大复兴战略全局和世界百年未有之大变局，推动党和国家事业取得重大成就、发生重大变革，中华民族迎来了从站起来、富起来到强起来的伟大历史性飞跃。历史充分证明，“中国共产党和中国人民不仅善于打破一个旧世界，而且善于建设一个新世界。展望未来，中国的发展前景无限美好”②。只有时刻保持解决“如

---

①《习近平新时代中国特色社会主义思想学习纲要（2023 年版）》，学习出版社、人民出版社 2023 年版，第 66 页。

②《中华人民共和国大事记（1949 年 10 月—2019 年 9 月）》，人民出版社 2019 年版，第 163 页。

何始终不忘初心、牢记使命”独有难题的清醒和坚定，才能紧扣人民幸福、民族复兴这条主线，统筹规划党和国家发展事业，才能科学分析和把握历史大势，善于抓住和用好历史机遇，不断把中华民族复兴伟业推向前进。

（三）凝铸中华民族伟大复兴的精神伟力

建设社会主义现代化国家和实现中华民族伟大复兴绝不是轻轻松松、敲锣打鼓就能实现的。面对未知因素与风险挑战，中国共产党坚守为人民谋幸福、为民族谋复兴的初心使命，系起了联结党的任务目标与人民根本利益之间的纽带，架起了连通崇高政治理想与具体实际国情之间的桥梁。党团结带领人民践行初心使命，以“人民对美好生活的向往就是我们的奋斗目标”①，激励全党全国人民始终保持永不懈怠的革命精神勠力同心、奋勇前进；以中国式现代化的美好愿景，动员海内外中华儿女同心共圆中国梦；以在更加宏阔的时空维度中思考民族复兴和人类进步的深刻命题，凝聚世界人民对于发展的共识，为实现中华民族伟大复兴汇聚起一切可以团结的力量。只有时刻保持解决“如何始终不忘初心、牢记使命”独有难题的清醒和坚定，党才能站在全局和战略高度，将自身发展与国家、民族、人类发展紧密结合起来，为在民族复兴征途中创造新的更大奇迹注入不竭的精神动力。

三、建设长期执政的马克思主义政党的实践要求

习近平总书记强调，“越是长期执政，越不能丢掉马克思主义政党的本色，越不能忘记党的初心使命”②。回望历史，党历经革命建设改革，

---

① 《习近平关于“不忘初心、牢记使命”论述摘编》，党建读物出版社、中央文献出版社 2019 年版，第 19 页。

② 《习近平谈治国理政》第 3 卷，外文出版社 2020 年版，第 529 页。

已经连续执政近74年之久；面向未来，党还将继续长期执政，不断以中国式现代化全面推进中华民族伟大复兴。新征程上，只有时刻保持解决“如何始终不忘初心、牢记使命”大党独有难题的清醒和坚定，才能以自我革命精神直面问题，及时消除一切违背和弱化初心使命的消极因素，确保党在坚持和发展中国特色社会主义的历史进程中始终成为中国人民最可靠的主心骨。

（一）坚定理想信念宗旨的重要支撑

“我们党以马克思主义为立党之本，以实现共产主义为最高理想，以全心全意为人民服务为根本宗旨”①。百年来，世情国情党情发生深刻变化，中国共产党却始终坚持理想信念宗旨，始终不忘为中国人民谋幸福、为中华民族谋复兴的初心使命，始终把人民放在心中最高位置，获得了人民的衷心拥护与支持。当前，党已经从一个领导人民为夺取全国政权而奋斗的党，转变为一个掌握政权并长期执政的党；已经从受到外部封锁和实行计划经济条件下领导国家建设的党，成为对外开放和发展社会主义市场经济条件下领导国家建设的党。新的历史方位下，只有时刻保持解决“如何始终不忘初心、牢记使命”独有难题的清醒和坚定，才能从根本上弄清楚“我们从哪儿来、往哪儿去”，回答好“我们党是什么、要干什么”，牢记住“我是谁、为了谁、依靠谁”的问题，才能进一步坚定理想信念宗旨，在社会主义现代化强国建设中持续发力、接续奋斗，保持和巩固党的执政地位。

（二）锻造坚强有力组织的价值牵引

严密的组织体系是党自我发展与价值实现的独特优势和有力武器，是推进社会主义革命建设改革、实现人民幸福等党的执政使命的重要保

① 《习近平关于党风廉政建设和反腐败斗争论述摘编》，中央文献出版社、中国方正出版社2015年版，第146页。

证。而初心和使命“是共产党人的政治灵魂，是共产党人经受住任何考验的精神支柱”①。在以初心使命牵引党组织建设价值的过程中，党员牢记初心使命更加优秀，党的各级组织践行初心使命更加先进，党的组织体系支持初心使命更加坚强，党的组织路线实现初心使命更加科学。可以说，“只要始终守初心、担使命，那就无坚不摧”②。作为中国特色社会主义事业的坚强领导核心，民族复兴梦想越接近，改革开放任务越繁重，党的组织就越要坚强有力。只有时刻保持解决“如何始终不忘初心、牢记使命”独有难题的清醒和坚定，才能使党的初心使命深耕厚植、落实落地，使党自身始终过硬，“始终成为时代先锋、民族脊梁，始终成为马克思主义执政党”③。

（三）推进党的自我革命的基本遵循

党的二十大党章修正案总纲增写了关于“不忘初心、牢记使命”的内容，对什么是我们党的初心使命进行了系统诠释。其中，“不忘初心”着力解决党的建设问题，关注的是中国共产党如何保持马克思主义政党本质特色，其解决之道是推进党的自我革命，自觉清除一切损害党的先进性、纯洁性的因素和行为。“牢记使命”聚焦有效履行党的领导、执政职能，关注的是中国共产党如何团结和带领全国人民不断推进中华民族伟大复兴，其实践路径是以党的坚强领导全面推进中国式现代化。可以说，初心和使命体现着伟大革命和伟大事业的辩证统一，构成激励中国共产党人不断前进的根本动力。在党以自我革命引领伟大社会革命的进

① 习近平：《在党史学习教育动员大会上的讲话》，人民出版社2021年版，第8页。

②《习近平在内蒙古考察并指导开展“不忘初心、牢记使命”主题教育时强调 牢记初心使命贯彻以人民为中心发展思想 把祖国北部边疆风景线打造得更加亮丽》，《人民日报》2019年7月17日。

③ 习近平：《决胜全面建成小康社会 夺取新时代中国特色社会主义伟大胜利——在中国共产党第十九次全国代表大会上的报告》，人民出版社2017年版，第16页。

程中，只有时刻保持解决“如何始终不忘初心、牢记使命”独有难题的清醒和坚定，全党才能保持清醒的政治头脑和强大的战略定力，培育自我管理的意识，激发自我革命的精神，加大自我净化的力度，使党始终“朝气蓬勃”，在新时代新征程保持永不懈怠的精神状态和一往无前的奋斗姿态。

第二节　应对“如何始终不忘初心、牢记使命”独有难题的现实审视

“初心易得，始终难守”①。当前，社会革命已经迈上新征程，党坚守初心、践行使命也面临着新情况、新问题、新挑战。必须准确把握始终不忘初心、牢记使命的关键难点，深刻剖析中国共产党解决“如何始终不忘初心、牢记使命”特殊难题的障碍壁垒，才能为全面从严治党适应新形势新要求提供现实抓手，增强党实现中心任务、把伟大事业推向新的发展高度的历史主动。

一、如何使全党始终保持坚守初心使命的政治自觉之难

习近平总书记指出，“如果马克思主义政党政治上的先进性丧失了，党的先进性和纯洁性就无从谈起”②。党的初心使命是党的政治主张和政治目标的集中表达，具有鲜明的政治态度和丰富的政治内涵。始终不忘

① 习近平：《在庆祝中国共产党成立100周年大会上的讲话》，人民出版社2021年版，第10页。

② 《习近平谈治国理政》第3卷，外文出版社2020年版，第91页。

初心、牢记使命，必须“首先要解决好政治合格问题”①。

（一）保持和发展马克思主义政党的政治属性不是一件容易的事

“任何政党都有政治属性，都有自己的政治使命、政治目标、政治追求”②。中国共产党“为人民谋幸福、为民族谋复兴”的初心使命集中标识着马克思主义政党的政治属性，体现出鲜明的阶级性与价值性、主观性与信仰性。党的初心使命绝不是形而上的、脱离生活实际的，而是存在于每一位共产党员的思想意识之中，伴随思想意识向政治实践的转变不断释放应有的政治效能。新形势下，意识形态领域的斗争尖锐复杂，而党内尚且存在政治意识不强、政治站位不高等问题。有的党员认为讲政治太虚、太空，讲不好政治；有的党员干部故意避开“党言党语”，只讲业务、技术，羞于讲政治、耻于讲政治，造成政治与业务“两张皮”现象。因此，如何强化党员干部的政治意识，使党员干部主动亮明初心、亮出使命，自觉守护党的政治属性，牢牢占据意识形态阵地，是发挥初心使命价值功能、彰显马克思主义政党政治属性的重要难题。

（二）始终做到政治信仰不变、政治立场不移、政治方向不偏不容易

习近平总书记在党的十九届中央纪委六次全会上深刻指出，“必须坚持以党的政治建设为统领，坚守自我革命根本政治方向”③。以党的政治建设为统领，关键就在于坚定政治信仰、站稳政治立场、把准政治方向。其中，坚定政治信仰是党员干部先进性的先决条件，而“衡量干部是否有理想信念，关键看是否对党忠诚”④。站稳政治立场是践行党的初心使

① 《习近平关于“不忘初心、牢记使命”论述摘编》，党建读物出版社、中央文献出版社 2019 年版，第 104 页。

② 《习近平谈治国理政》第 3 卷，外文出版社 2020 年版，第 91 页。

③ 《习近平谈治国理政》第 4 卷，外文出版社 2022 年版，第 550 页。

④ 《习近平谈治国理政》第 3 卷，外文出版社 2020 年版，第 519 页。

命的基本前提，必须坚决站稳党性立场和人民立场，把对党负责和对人民负责高度统一起来。“政治方向是党生存发展第一位的问题”[①]，坚守党的政治方向就是要牢固树立共产主义远大理想和中国特色社会主义共同理想，锚定“两个一百年”奋斗目标，贯彻落实党的基本理论、基本路线、基本方略。当前，有些党员干部出现政治信仰危机，特权思想根深蒂固，“七个有之”现象屡禁不止。有些党员干部政治立场模糊，在大是大非问题上左右摇摆，腐败现象远未根绝。有些党员干部政治方向游离，深受错误观点的干扰和迷惑。由此，如何加强对“两个维护”“两个确立”价值意义的深刻理解，始终看齐追随、步调一致；如何时刻铭记“国之大者”，将自身发展规划自觉融入党的建设与国家发展轨道之中；如何既不“低级红”，更不“高级黑”，避免做政治上的“两面人”，是坚实党不忘初心、牢记使命政治基础必须面对的难点所在。

（三）始终善于从政治的高度观察和处理问题不容易

习近平总书记指出，“在干部干好工作所需的各种能力中，政治能力是第一位的”[②]。提升政治能力，首先要求党员干部能够辨别政治是非、保持政治定力、驾驭政治风险，从而确保始终沿着与党的目标使命相一致的政治方向推进工作。当前，党员干部的政治判断力、政治领悟力、政治执行力良莠不齐，党的初心使命的价值从理想信念层面转化为实践活动层面仍需要有力的牵引。因此，如何使党员干部善于从党和人民的立场、党和国家事业发展的政治大局出发想问题、作决策、办事情；如何使党员干部善于从繁杂问题中把握事物的规律性、从苗头问题中发现

① 《习近平新时代中国特色社会主义思想学习纲要（2023 年版）》，学习出版社、人民出版社 2023 年版，第 121 页。

② 《习近平在中央党校（国家行政学院）中青年干部培训班开班式上发表重要讲话强调 年轻干部要提高解决实际问题能力 想干事能干事干成事》，《人民日报》2020 年 10 月 11 日。

事物的趋势性，从偶然事物中认识事物的必然性；如何使党员干部善于驾驭复杂局面、凝聚社会力量、防范政治风险，从而提高党员干部基于党的初心使命提出问题、分析问题、解决问题的能力，提高党员干部基于现实要求不断丰富初心使命时代内涵的能力，是将党的初心使命转化为治党治国实践效能所必须面对的难题。

二、如何始终坚持以党的创新理论凝聚初心使命的实践伟力之难

习近平总书记指出，“马克思主义政党的先进性，首先体现为思想理论上的先进性”①。中国共产党深刻把握“中国共产党能”“中国特色社会主义好”与“马克思主义行”“中国化时代化的马克思主义行”的内在逻辑，为党践行初心使命提供着科学指引。始终不忘初心、牢记使命，必须加强党的创新理论武装，使党始终保持统一的思想、坚定的意志，凝聚起攻坚克难的强大行动力与战斗力。

（一）思想上的滑坡是最严重的病变

思想建设是党的基础性建设，思想建党、理论强党是百年大党永葆生机活力的关键所在，是我们党创造历史、成就辉煌的一条重要经验。历史表明，越是重大历史关头，越要重视理论创新和理论武装，越需要用党的创新理论武装全党。当前，我们党正面临着“船到中流浪更急、人到半山路更陡”②的关键时刻，但部分党员干部仍然存在政治任务式的学习、脱离实际的学习，并不能真正理解悟透党的创新理论的科学内涵和丰富价值，无法将党的创新理论转化为坚守初心使命的精神滋养。部分党员干部则思维固化僵化，学习思想只走过场，不问效果，不愿、不

① 习近平：《在“不忘初心、牢记使命”主题教育总结大会上的讲话》，人民出版社2020年版，第13页。

② 习近平：《论坚持全面深化改革》，中央文献出版社2018年版，第524页。

敢、不能跳出既有思维的“包围圈”和“限定框”，无法将党的创新理论转化为践行初心使命的物质力量。如何进一步提高党员干部学习思想、学习理论的能力，如何进一步激发党员干部求真进取的动力，从而加强党的创新理论武装，使党员个人的初心与党的初心“心心相印”，党员个人的职责与党的使命“命运相连”，是释放党的创新理论真理力量、激发党员群众坚守初心使命创造力量的关键所在。

（二）我们党是一个大党，统一思想历来不易

“不忘初心、牢记使命，必须用马克思主义中国化最新成果统一思想、统一意志、统一行动”[①]。然而，社会的多样化发展必然引起人们思想日益多元化。中国共产党作为拥有9800多万党员和500多万个基层党组织，建党时间超过100年、执政时间超过73年的大党，确保全党在共同思想理论基础上的高度集中统一更加不易。当前，有的党员干部尚未能充分理解党的创新理论的科学内涵与实践要求，把握不住路线方针政策的核心与关键；有的党员干部则按照个人的意愿和主张各行其是，对党的路线方针政策合意的就执行、不合意的就不执行，严重削弱了党的创造力、凝聚力和战斗力，也严重影响着党的形象和党的权威。如何进一步激发党的创造活力又保持党的团结统一，使全党在思想统一的基础上团结成“一块坚硬的钢铁”[②]，如何以党的创新理论加强人民群众对坚守初心使命的认同、拥护和追随，是汇集践行初心使命的强大组织力量和广泛社会力量的难点所在。

三、如何始终以党组织的坚强有力为践行初心使命提供可靠保障之难

习近平总书记指出，“中国共产党具有无比坚强的领导力、组织力、

① 《习近平谈治国理政》第3卷，外文出版社2020年版，第539页。
② 《习近平谈治国理政》第4卷，外文出版社2022年版，第50页。

执行力，是团结带领人民攻坚克难、开拓前进最可靠的领导力量”①。作为领导着14亿多人口大国、具有重大全球影响力的世界第一大马克思主义执政党，党的事业伟大而艰巨、任重而道远。始终不忘初心、牢记使命，必须使党组织团结一心、风雨不动，成为广大人民群众最坚实的靠山。

（一）一个松松垮垮的党组织是干不成事的

习近平总书记强调，“党的力量来自组织”②。中国特色社会主义进入新时代，世情国情党情的深刻变化对党的领导水平和执政能力提出的新的更高要求，内在决定了践行初心使命必须依靠坚强有力的党组织。一方面，党的组织路线集中体现着党的组织工作的顶层设计和根本要求。如何贯彻新时代党的组织路线，把党的建设总要求落到实处，是实现党的政治路线、完成党的中心任务的基本要求。另一方面，党的全面领导、党的全部工作要靠党的坚强组织体系来保障。如何使各级党组织在党中央的坚强领导下发挥应有作用，从而使党中央具有定于一尊、一锤定音的权威，地方党组织保障贯彻党中央的方针政策和决策部署，基层党组织进一步落实推进事业发展的各项要求，党员干部强化组织观念，是为担当党的历史使命、推进党的伟大事业提供坚强保证必须解决的难题。

（二）解决贪污腐败、脱离群众、形式主义、官僚主义必须持之以恒下大气力

实现历史使命、推进伟大事业，关键在党。而“党要管党，首先是管好干部”③，使党员干部立场坚定、意志坚强、行动坚决。一方面，培

① 习近平：《论把握新发展阶段、贯彻新发展理念、构建新发展格局》，中央文献出版社2021年版，第516页。

② 《十八大以来重要文献选编》（上），中央文献出版社2014年版，第765页。

③ 《十八大以来重要文献选编》（上），中央文献出版社2014年版，第350页。

养忠诚干净担当的高素质干部需要权责明确、多管齐下。如何压实从党中央、到地方各级党委，从中央部委、国家机关部门党组（党委）到基层党支部的主体责任，使之勇于挑头担当，统筹推进全面从严治党；如何压实各级纪委监督责任，使之敢于瞪眼黑脸，勇于执纪问责；如何贯通落实各级党委党组主体责任与各级纪委监督责任，使之统一协调、全面覆盖，在干部观念淡漠、组织涣散、纪律松弛时层层传导压力，及时纠正偏差，以党组织的坚强决心坚守初心使命，是使党更加坚强有力的关键抓手。另一方面，建设一支高素质的干部队伍需要激发党员干部的内在动力。如何加强对党员干部的全方位管理，使严管与厚爱相结合，高标准与守底线相结合；如何将培育理想信念长周期与领导干部短任期相统筹，使初心使命、理想信念宗旨内化为党员干部的世界观、人生观、价值观，以党员干部的坚强党性践行初心使命，是新时代新征程践行初心使命的关键之点。

四、如何始终把不忘初心使命作为加强党的建设永恒课题和全体党员干部终身课题之难

习近平总书记指出，“初心不会自然保质保鲜，稍不注意就可能蒙尘褪色，久不滋养就会干涸枯萎”[①]。始终不忘初心、牢记使命，必须持之以恒、善作善成，以党的建设新的伟大工程的持续推进为不竭动力，以全体党员干部的终生奋斗为长效滋养，从而坚定如磐，永葆先进。

（一）长期执政条件下各种违背初心使命的危险无处不在

新时代新征程上，党面临的执政考验、改革开放考验、市场经济考验、外部环境考验将长期存在；精神懈怠危险、能力不足危险、脱离群

① 《习近平谈治国理政》第3卷，外文出版社2020年版，第538页。

众危险、消极腐败危险将长期存在。中国共产党是长期执政的马克思主义政党，执政时间长、执政经验丰富、执政成就巨大。陶醉于昨日的成功、过去的辉煌就会产生放松警惕、高枕无忧的思想，麻痹党员干部忘记使命，不再进取。实现中华民族伟大复兴使命光荣、责任重大。前进道路上有人停留下来不再前进，有人走散了、走丢了，“把初心和使命抛到九霄云外去了”[①]。对此，习近平总书记指出，“越是长期执政，越不能丢掉马克思主义政党的本色，越不能忘记党的初心使命，越不能丧失自我革命精神”[②]。如何始终保持强烈的执政忧患意识、锐意进取的斗争精神以及管党治党的战略自觉，防止党老态龙钟；如何防范和清除一切违背初心和使命、动摇党的根基的危险，避免党疾病缠身，是将不忘初心使命作为加强党的建设的永恒课题必须应对的挑战。

（二）锻炼党员干部忠诚干净担当的政治品格不会一劳永逸

不忘初心、牢记使命是中国共产党对全体党员的政治要求，始终做到不忘初心、牢记使命，有赖于全体党员的政治自觉和行动自觉。忠诚干净担当的政治品格是在长期的甚至严酷的考验中锻造出来的。有的党员干部要小聪明、搞小动作，不愿意降低自己的舒适度；有的党员干部则是缺乏磨炼，未能经风雨、见世面，自然无法壮筋骨、长才干。这样必然会使政治品格混入杂质、大打折扣。在践行初心使命的过程中，有的党员干部看见点成绩就想歇歇脚、松口气；有的党员干部则是遇到困难就打退堂鼓、受到点挫折就意志消沉，严重磨损着忠诚干净担当的政治品格。如何使党员干部时刻保持进取，自觉接受摔打、磨砺初心，在持续开放、不断扩容中提升能力践行使命，使初心使命真正成为全党的价值追求；如何保持组织培养党员干部的耐心，持续用力、久久为功，

① 习近平：《在“不忘初心、牢记使命”主题教育总结大会上的讲话》，人民出版社 2020 年版，第 12 页。

② 《习近平谈治国理政》第 3 卷，外文出版社 2020 年版，第 529 页。

在层层考验、递进培养中强化党员干部的责任担当，为新征程上党领导全面建设社会主义现代化国家锤炼信得过、靠得住、能放心的干部队伍，是将初心使命作为全体党员干部终身课题必须解决的难题。

第三节　破解“如何始终不忘初心、牢记使命”独有难题的实践进路

锚定共产主义的远大理想还有相当长的距离，还需要几代人甚至十几代人、几十代人的接续奋斗。如何“历经沧桑而初心不改、饱经风霜而本色依旧”[①]，将中国共产党人建党时的初心代代传承，将不同历史阶段的政治主题与促进人类文明发展的历史使命相统一，使党的理想目标不因存续时间长而淡化、执政时间长而懈怠，使党的责任使命不因组织规模大而分散、组织数量多而松散，是以习近平同志为核心的党中央时刻关注、深入思考的重大课题。从“不忘初心、继续前进”的伟大号召，到“不忘初心、牢记使命”的主题教育，从“务必不忘初心、牢记使命”的郑重告诫，到保持解决“如何始终不忘初心、牢记使命”独有难题的清醒和坚定，党对永葆初心使命重要意义的认识逐渐深化，坚守初心使命的实践持续推进，不断为新时代新征程全面从严治党注入新的动力。

一、以党的创新理论引领根本方向

党的十八大以来，我们党坚持运用习近平新时代中国特色社会主义思想武装头脑，坚持运用其内蕴的世界观和方法论继续推进马克思主义

① 《习近平谈治国理政》第4卷，外文出版社2022年版，第542页。

中国化时代化的理论创新，推动新时代党和国家事业发生了历史性变革、取得了历史性成就。党的创新理论成果科学阐释了党的初心使命的本质特征，深刻分析了坚守初心使命的价值指向和实践要求，为解决“如何始终不忘初心、牢记使命”独有难题提供着行动指南。

（一）深入学习贯彻习近平新时代中国特色社会主义思想

习近平新时代中国特色社会主义思想是当代中国马克思主义、二十一世纪马克思主义，是中华文化和中国精神的时代精华。习近平新时代中国特色社会主义思想创造性提出了“不忘初心、牢记使命”的重大命题，进一步深化了党对理想信念宗旨的内涵与本质的认识，概括形成了坚守初心使命的前提条件、核心要素、本质要求和基本原则。切实用好习近平新时代中国特色社会主义思想这把解决问题的“金钥匙”，一要自觉主动学，深入研机析理，做到知其言更知其义，知其然更知其所以然，做到学思用贯通、知信行统一。二要及时跟进学，组织广大党员带着问题、带着责任、带着感情读原著、学原文、悟原理，不断挖掘其中的新内容和新含义，加深对初心使命的理解和认识。三要联系实际学，坚持理论与实践相统一，在工作中找问题、党建上找原因、从习近平新时代中国特色社会主义思想中找思路，把学习成效转化为始终不忘初心、牢记使命的精神动力。

（二）继续推进实践基础上的理论创新

习近平新时代中国特色社会主义思想内蕴丰富的世界观和方法论，以全新的理论视野和价值内涵将我们党破解“如何始终不忘初心、牢记使命”独有难题的实践经验上升到了规律层面，标志着我们党对共产党执政规律、社会主义建设规律、人类社会发展规律的认识自觉和运用自觉达到新的历史高度。当前，中华民族伟大复兴的目标虽已更加接近，但国内外、党内外仍面临着严峻复杂的风险挑战，需要不断丰富党的初心使命的新内涵、新要求，不断探索践行初心使命的新思路、新方法。这就要求党要牢牢把握习近平新时代中国特色社会主义思想的世界观和方法论，继续推进破解大党独有难题实践基础之上的理论创新。具体而言，必须始终坚持人民至上，依靠人民为党的理论创新注入源头活水，使党的创新理论发轫于人民追求美好生活的伟大创造之中。必须始终坚持自信自立，坚持独立自主的探索和实践精神，发出中国声音，倡导中国主张，坚定历史自信，发挥历史主动。必须始终坚持守正创新，坚决避免与杜绝自以为是的主观主义、固守陈规的教条主义和走马观花的形式主义，灵活应对破解“如何始终不忘初心、牢记使命”独有难题的现实挑战。必须始终坚持问题导向，大兴调查研究之风，将理论原理与具体实际相结合，发掘实现初心使命的破题点和立足点。必须始终坚持系统观念，培育以小见大、见微知著的能力，及时发现淡化初心使命的苗头，全面规划、科学部署，实现党的初心使命。必须始终坚持胸怀天下，辩证认识和把握国内外大势，找准共同的利益契合点和共同的发展着力点，不断强化全体党员干部乃至海内外中华儿女为中国人民谋幸福、为人类进步事业而奋斗的责任担当。

二、站稳人民立场夯实政治根基

“只要党和人民始终站在一起、想在一起、干在一起，任何风浪都动摇不了我们的钢铁意志，任何困难都阻挡不了我们的铿锵步伐”①。人民群众是党实现初心使命的力量源泉和价值归属。坚守党的初心使命，必须把人民放在心中的最高位置。新时代，以习近平同志为核心的党中央，以坚持人民至上、不断满足人民对美好生活的向往作为价值指向，将人

① 《这些年，总书记的新春牵挂——要把人民放在心中最高位置》，《人民日报》2023 年 1 月 20 日。

民利益作为我们想问题、解决问题的根本出发点和落脚点，为破解“如何始终不忘初心、牢记使命”独有难题夯实了群众基础。

（一）坚持以人民为中心的发展理念

“以百姓心为心，与人民同呼吸、共命运、心连心，是党的初心，也是党的恒心”①。历史和实践已经证明，只有真正做到以人民为中心，站在人民的立场角度观察思考人民对美好生活的向往，才能深刻认识党的初心所蕴含的丰富价值，才能准确把握党的使命所承载的政党责任。进而切实体会到立党为公、执政为民绝不是一句简单的口号，必须以一以贯之的终生奋斗去实现。实现新时代新征程党的使命任务，一要主动扑下身子，少些“远程操控”，少些“隔山问路”，多去街头巷尾开展调查研究，了解人民群众的意见和要求、批评和建议，丰富党的初心使命的时代内涵。二要坚持“开门决策”，敞开大门将人民群众请进来，主动问需于民、问计于民、问政于民，丰富党的初心使命的实现方法。三要着力保障和改善民生，左右协同、上下联动、集中攻坚，下最大力气解决好人民群众最急最忧最盼的紧迫问题，以为民谋利、为民尽责的实践成效取信于民，丰富党的初心使命的价值功能。四要“保证人民平等参与、平等发展权利”②，使建设、改革与发展成果更多更公平地惠及全体人民，丰富党的初心使命的实践成果。

（二）坚持党的群众路线

群众路线是马克思主义唯物史观在党的工作中的创造性运用，是党的生命线和根本工作路线，是党永葆青春活力和战斗力的传家之宝。党

---

①《习近平新时代中国特色社会主义思想学习纲要（2023 年版）》，学习出版社、人民出版社 2023 年版，第 296 页。

②《习近平关于“不忘初心、牢记使命”论述摘编》，党建读物出版社、中央文献出版社 2019 年版，第 127 页。

的初心使命来源于人民、服务于人民，解决“如何始终不忘初心、牢记使命”的独有难题，在一定程度上就是要解决如何始终保持同人民群众的血肉联系，如何实现好、维护好、发展好最广大人民根本利益。坚持党的群众路线，一要紧扣民心这个最大的政治，牢记“江山就是人民，人民就是江山”，不忘“人心向背关系党的生死存亡”的历史结论，把赢得民心民意、汇集民智民力作为破解独有难题的着力点。二要尊重人民首创精神，不断挖掘人民群众蕴藏的智慧和力量，善于把党的正确主张变为人民群众的自觉行动。三要自觉接受人民的批评和监督，把人民是否真正得到了实惠，人民生活是否真正得到了改善，人民权益是否真正得到了保障，作为检验一切工作成效的根本标准。从而不断提高人民群众的获得感、幸福感、安全感，进一步夯实破解独有难题的社会基础。

三、增强党组织政治功能和组织功能 汇集广泛力量

习近平总书记指出，“严密的组织体系是党的优势所在、力量所在”①。中国共产党高度重视党的政治功能和组织功能，以上下贯通、执行有力的严密组织体系，使党的领导“如身使臂、如臂使指”。中国特色社会主义进入新时代以来，党坚持发展民主集中制以指导党内政治生活，充分发挥基层党组织战斗堡垒作用，为破解“如何始终不忘初心、牢记使命”独有难题汇聚起党内外广泛力量。

（一）以民主集中制的组织原则统领党内政治生活

严肃认真的党内政治生活是我们党坚持党的性质和宗旨、保持先进性和纯洁性的重要法宝，而严肃党内生活“最根本的是认真执行党的民

① 习近平：《高举中国特色社会主义伟大旗帜 为全面建设社会主义现代化国家而团结奋斗——在中国共产党第二十次全国代表大会上的报告》，人民出版社2022年版，第67页。

主集中制”①。以民主集中制指导开展党内政治生活，一要充分发扬党内民主，丰富党员权利内容，优化党员权利行使方式，落实党内民主制度，发挥各级党组织和广大党员坚守与践行初心使命的积极性创造性。二要实行有效集中，提高“关键少数”“领导班子”及时集中正确意见、及时纠正不正确意见和做法的能力，以更高层次的民主使党愈发团结统一，形成实现党的初心使命的科学决策与统一部署。三要将民主与集中有机结合，把发挥党员主体作用、维护党员民主权利与坚决拥护习近平总书记在党中央、在全党的核心地位紧密结合起来，把发挥地方和基层党组织自主性、灵活性与坚决维护党中央权威与集中统一领导紧密结合起来，从而使初心使命真正起到教育改造党员干部的作用，为永葆党的先进性纯洁性、破解如何始终不忘初心使命的独有难题注入生命活力。

（二）把基层党组织建设成为践行党的初心使命的坚强堡垒

“‘欲筑室者，先治其基。’基层党组织是党执政大厦的地基，地基固则大厦坚，地基松则大厦倾。”②党支部是党的基础组织，涉及各行各业各领域，既包括农村、城市社区、国有企业、事业单位、党和国家机关，还涉及新经济组织、新社会组织，是党员干部树立初心、践行使命的培育基地，也是人民群众了解党的初心、支持党实现使命的直接窗口。党的十八大以来，以习近平同志为核心的党中央明确基层党组织战斗堡垒的基本定位，将基层党组织建设摆在突出位置，大大增强了党的政治功能和组织功能。进一步发挥党的政治优势和组织优势，一方面要树立宗旨意识、坚持人民至上，使广大党员时刻牢记共产党人的初心是什么，使命是什么，推动各领域基层党组织全面进步、全面过硬。另一方面要坚持党建引领，“把党的路线方针政策和党中央决策部署贯彻落实好，把

① 《十八大以来重要文献选编》（上），中央文献出版社 2014 年版，第 352 页。

② 习近平：《在全国组织工作会议上的讲话》，人民出版社 2018 年版，第 13 页。

各领域广大群众组织凝聚好”[1]，将党员、干部和各方面人才组织起来，把广大人民群众团结起来，使全党全国人民紧紧拧成一股绳，凝聚起实现党的初心使命的磅礴力量。

四、完善党内法规制度体系形成长效机制

习近平总书记明确提出，“不忘初心、牢记使命，必须完善和发展党内制度，形成长效机制”[2]。为坚守初心使命建章立制，目的就在于使党的初心使命从党性信仰层面落实到制度安排、机制运行层面，从弹性较大的教育方式转变为具有较强刚性的法治方式。从而有力应对一切侵蚀、削弱党的初心使命的风险挑战，为始终坚守和实现初心使命保驾护航。

（一）建立协调配套的党内法规制度体系

不忘初心、牢记使命制度建基于党章，既需要党的组织法规提供载体支持，也需要党的自身建设法规提供行动指南，还需要党的监督保障法规提供制度遵循，在制度体系的协同配套中形成制度合力。构建系统完备、科学规范、运行有效的制度体系，一要建立起以保障党员权利为起点、以规范党员权力运用为目标的党内法规制度，使党的核心价值在法治理念基础上形成，党的使命任务在法治程序中实现。二要进一步推动党内法规制度“瘦身”与“健身”，使制度本身能够解决问题而又简便易行，制度之间各有侧重而又有机衔接，制度体系的科学性与实践性大大增强。三要进一步加强党内法规制度与国家法律之间的互联互通，解释清楚党的领导与国家宪法法律制定之间的关系，厘清党内制度与国

① 习近平：《高举中国特色社会主义伟大旗帜　为全面建设社会主义现代化国家而团结奋斗——在中国共产党第二十次全国代表大会上的报告》，人民出版社 2022 年版，第 67 页。

② 习近平：《在“不忘初心、牢记使命”主题教育总结大会上的讲话》，人民出版社 2020 年版，第 18 页。

家法律之间的逻辑关联，找出党的初心与国家发展目标的价值契合点，廓清党的使命与国家政治主题、政治任务的逻辑关联。

（二）进一步贯彻落实党内法规制度体系

制度的生命力在于执行。习近平总书记强调，要“推动不忘初心、牢记使命的制度落实落地”[①]，就是要把制度设立、制度执行、制度监督有机统一起来，为始终坚守初心使命提供制度支撑和机制保障。进一步贯彻落实党内法规制度体系，一要强化全党的制度意识，不断增强尊崇制度的政治自觉，使全体党员干部特别是高级领导干部充分认识和认同党内法规制度体系的显著优势和本质特征，自觉做到内化于心、外化于行。二要健全权威高效的制度执行机制，不断增强党员干部坚决维护制度、严格执行制度的行动自觉，善于运用多层次、全覆盖的制度管人管事，推进党和国家的各项事业。三要加强对制度执行的监督，“坚持有责必问、问责必严，把监督检查、目标考核、责任追究有机结合起来”[②]，坚决杜绝制度执行中做选择、搞变通、打折扣的现象，将党的制度优势充分转化为践行初心使命的实践效能。

① 习近平:《在“不忘初心、牢记使命”主题教育总结大会上的讲话》，人民出版社 2020 年版，第 20 页。

② 《习近平关于全面从严治党论述摘编》，中央文献出版社 2016 年版，第 235 页。

第三章

如何始终统一思想、统一意志、统一行动

团结统一是党的生命，是党的力量所在。我们这么大一个党，领导着这么大一个国家，肩负着带领全国各族人民实现国家强盛、民族复兴这个艰巨任务，全党必须统一思想、统一意志、统一行动。习近平总书记在中共二十届中央纪委二次全会上的重要讲话中把“如何始终统一思想、统一意志、统一行动”作为我们这个大党必须解决的独有难题之一，作出深刻阐述。习近平总书记的重要论述坚持了马克思主义的建党原则，继承了中国共产党的历史经验，顺应了全面从严治党的新要求，提出了实现党的团结统一的新路径。作为中国特色社会主义事业的坚强领导核心，中国共产党始终统一思想、统一意志、统一行动不仅是在全面建设社会主义现代化国家开局起步的关键时期对历史经验的规律性总结，更是针对前进道路上各种现实问题的实践性应对，对全面建设社会主义现代化国家、全面推进中华民族伟大复兴具有重要意义。

第一节　党成为百年大党、创造世纪伟业的关键所在

始终统一思想、统一意志、统一行动，是中国共产党百余年来通过团结奋斗练就的特有品格，也是对马克思主义政党建设规律的进一步深化。在党的二十大上，以习近平同志为核心的党中央把“团结奋斗”上升到了大会主题的高度。习近平总书记在参加党的二十大广西代表团讨论时强调，要“牢牢把握团结奋斗的时代要求。全党全国各族人民要在

党的旗帜下团结成‘一块坚硬的钢铁’，心往一处想、劲往一处使，推动中华民族伟大复兴号巨轮乘风破浪、扬帆远航。”① 始终统一思想、统一意志、统一行动，不仅有利于发挥党的政治优势，继续得到最广大人民群众的衷心拥护和广泛支持；而且可以彰显党的组织优势，为中国共产党以更强大的凝聚力、战斗力、执行力打开事业发展新天地提供坚强保障。

一、遵循马克思主义政党建设规律的基本要求

始终统一思想、统一意志、统一行动，不是无源之水、无本之木。团结统一既是无产阶级斗争的基本条件和实践要求，更是马克思主义政党不变的价值追求。在马克思主义政党发展史上，马克思主义经典作家不仅充分科学地论证了建立无产阶级政党的正当性和必要性，而且在领导无产阶级革命和建设的不同阶段都始终高度重视党的团结统一问题，并把维护党的团结统一作为无产阶级政党加强自身建设的一个重要原则确定下来。

团结统一是马克思主义经典作家在创建和领导无产阶级政党时反复强调的重要思想。与资产阶级政党不同，无产阶级政党要推翻旧制度的牢笼，必须有一个既团结一致又高度集中的组织。马克思指出：“无产阶级在反对有产阶级联合力量的斗争中，只有把自身组织成为与有产阶级建立的一切旧政党不同的、相对立的政党，才能作为一个阶级来行动。”② 面对强大的资产阶级旧势力，只有团结起来，才可能取得事业的成功。正因为如此，马克思恩格斯在创建和领导无产阶级政党的过程中，始终把维护党的团结和集中统一作为根本组织原则。在世界无产阶级政党的第一部章程——《共产主义者同盟章程》里，关于盟员的七个条件

① 《习近平在参加党的二十大广西代表团讨论时强调 心往一处想劲往一处使推动中华民族伟大复兴号巨轮乘风破浪扬帆远航》，《人民日报》2022 年 10 月 18 日。

② 《马克思恩格斯文集》第 3 卷，人民出版社 2009 年版，第 228 页。

都强调服从和一致，并在第八章专门制定了关于开除出盟的规定。1864年，马克思在《国际工人协会成立宣言》中谈到建立这个协会的初衷时指出，夺取政权已成为工人阶级的伟大使命，而工人的一个成功因素就是他们的人数，但是只有当工人通过组织而联合起来并获得知识的指导时，人数才能发挥举足轻重的作用。党的团结和集中统一是马克思主义政党的一项重要原则。离开这一点，党就不能生存和发展。马克思在总结第一国际的经验时指出："公民们，让我们回忆一下国际的一个基本原则——团结。如果我们能够在一切国家的一切工人中间牢牢地巩固这个富有生气的原则，我们就一定会达到我们所向往的伟大目标。"①

列宁继承了马克思恩格斯的关于无产阶级政党保持团结统一的重要思想，并在实践的基础上完善和发展。列宁认为，没有坚强的组织严密的政党，就不足以打破无产阶级身上的专制枷锁，他多次强调要坚定党内成员在思想与组织方面的团结统一，指出，党的思想统一和组织统一是两个不可分割的有机整体，必须把两者统一起来。思想统一是组织统一的灵魂和根本，组织统一是思想统一的载体和保障，如果组织性没有了思想，那么将毫无意义。在《进一步，退两步》中，列宁指出，通过制定党纲和策略来保证全党上下团结一致，是确保革命工作集中化效率化的必要因素，但与此同时，需要党在组织上保持统一，这就要求在党内实行少数服从多数、部分服从整体的原则。此外，列宁坚决反对派别活动。1921年，列宁在《俄共（布）第十次代表大会文献》中提醒全党，派别活动本身会沦为敌人分裂党内团结、进行反革命的工具，要对全党进行教育，保证党的团结统一。需要指出的是，列宁还认识到，团结统一对党来说固然重要，但团结统一绝不是违背马克思主义基本原则的一团和气。列宁郑重表示："我们非常珍视党的团结，但是我们更为珍

① 《马克思恩格斯全集》第18卷，人民出版社1964年版，第180页。

视革命社会民主党的原则的纯洁性。”①

事实证明，正是因为列宁高度重视并采取切实有效的措施，坚决同各种错误思想和分裂力量斗争，保证党在无产阶级革命原则上的团结统一，苏俄共产党才能取得十月革命的胜利，创建世界上第一个社会主义国家，为世界其他国家无产阶级政党加强自身建设提供科学的理论指南。历史也雄辩地证明，不重视始终统一思想、统一行动、统一意志，一个政党就会重蹈苏共的覆辙、走向亡党的境地。

二、党百年奋斗的宝贵经验

始终统一思想、统一意志、统一行动是中国共产党在革命、建设、改革实践中形成的宝贵经验。在波澜壮阔的历史进程中，中国共产党之所以能够在极其弱小的情况下不断成长壮大，在一次次濒临绝境时转危为安，一个重要原因就在于始终高度重视党的团结统一问题。维护党的团结统一，既是我们党不断从胜利走向胜利的结果，也是我们党永葆生机活力的原因。

新民主主义革命时期，党领导人民浴血奋战、百折不挠，在团结奋斗的基础上，创造了新民主主义革命的伟大成就。建党之初，为了克服无政府主义思潮对一个真正马克思主义政党的影响，党的二大通过的《关于共产党的组织章程决议案》和党的历史上第一部党章，首次明确提出我们的党是一个严密的、集权的、有纪律的、革命的组织。在红军长征途中，鉴于张国焘分裂党和军队造成的重大损失和王明在抗战初期右倾错误带来的严重后果，毛泽东在党的六届六中全会扩大会议上系统阐述了个人服从组织、少数服从多数、下级服从上级、全党服从中央的政治纪律和政治规矩。在抗日战争胜利前夜召开的党的七大，使党在思想

---

① 《列宁全集》第 15 卷，人民出版社 1988 年版，第 43 页。

上政治上组织上达到空前团结和统一。在政治上，通过延安整风，六届七中全会通过了《关于若干历史问题的决议》，全党对中国革命基本问题的认识达成一致，实现了党的空前统一和团结。在思想上，确立了毛泽东思想在全党的指导地位，把毛泽东思想写入了党章。在组织上，形成了一支高举毛泽东思想旗帜的久经考验的队伍。

社会主义革命和建设时期，党领导人民自力更生、发愤图强，在团结奋斗中创造了社会主义革命和建设的伟大成就。新中国成立后，为了加强党的集中统一领导，使之适应巩固新生的国家政权和迎接大规模经济建设高潮到来的需要，党的七届四中全会通过《关于增强党的团结的决议》，强调党的团结是党的生命，要求全党特别是党的高级干部增强维护团结统一的自觉性，激励全党团结起来投身社会主义革命和建设浪潮中。在党的八大预备会议上，毛泽东在系统总结中国革命历史经验基础上，对团结作出了定义："所谓团结，就是团结跟自己意见分歧的，看不起自己的，不尊重自己的，跟自己闹过别扭的，跟自己作过斗争的，自己在他面前吃过亏的那一部分人。"① 在党的八大开幕词中，毛泽东开宗明义地指出："我们这次大会的任务是：总结从七次大会以来的经验，团结全党，团结国内外一切可能团结的力量，为了建设一个伟大的社会主义的中国而奋斗。"② 党的八大关于团结统一的思想，有利于团结全党凝聚开拓前进的力量，团结国内外一切可能团结的力量共同奋斗，意气风发地开展社会主义建设。

改革开放和社会主义现代化建设新时期，党领导人民解放思想、锐意进取，在团结奋斗中创造了改革开放和社会主义现代化建设的伟大成就。党的十一届三中全会后，我们党深刻总结党内政治生活正反两方面经验特别是"文化大革命"的惨痛教训，制定了《关于党内政治生活的

---

① 《毛泽东文集》第 7 卷，人民出版社 1999 年版，第 92 页。

② 《毛泽东文集》第 7 卷，人民出版社 1999 年版，第 114 页。

若干准则》，这个准则对实现政治上、思想上、组织上、作风上的拨乱反正和促进党的团结统一，保证改革开放和社会主义现代化建设顺利进行，发挥了十分重要的作用。20世纪80年代末90年代初，面对国际苏联解体和东欧剧变的影响和国内复杂局势，我们党深刻认识到只有时刻保持并不断加强党内团结，才能够建设好伟大的社会主义事业。正是依靠团结统一，我们党才成功应对了一系列重大风险挑战、克服无数艰难险阻，有力应变局、平风波、战洪水、防“非典”、抗地震、化危机，才做到了既不走封闭僵化的老路也不走改旗易帜的邪路，坚定不移走中国特色社会主义道路，使中国大踏步赶上了时代，实现中华民族从站起来到富起来的伟大飞跃。

中国特色社会主义进入新时代，党领导人民自信自强、守正创新，在团结奋斗中创造了新时代中国特色社会主义的伟大成就。党的十八大以来，以习近平同志为核心的党中央把党的政治建设确定为党的根本性建设，把保证全党服从中央，坚持党中央权威和集中统一领导，作为党的政治建设的首要任务，全面推进党的政治建设、思想建设、组织建设、作风建设、纪律建设，把制度建设贯穿其中，深入推进反腐败斗争，全党保持了统一思想、统一意志、统一行动，为新时代党和国家事业发生历史性变革提供了根本保证。

三、实现中华民族伟大复兴的有力保障

中国共产党人的事业是千千万万人的事业，需要千千万万人的参与。党的十八大以来，以习近平同志为核心的党中央团结和带领全国各族人民，以伟大的历史主动精神、巨大的政治勇气、强烈的责任担当，统筹国内国际两个大局，贯彻党的基本理论、基本路线、基本方略，统揽伟大斗争、伟大工程、伟大事业、伟大梦想，坚持稳中求进工作总基调，出台一系列重大方针政策，推出一系列重大举措，推进一系列重大工作，

战胜一系列重大风险挑战，解决了许多长期想解决而没有解决的难题，办成了许多过去想办而没有办成的大事，推动党和国家事业取得历史性成就、发生历史性变革。

党的十八大以来，面对波谲云诡的国际形势、艰巨繁重的改革发展稳定任务，我们之所以能取得历史性成就，发生历史性变化，不断战胜一系列重大风险挑战，取得战胜疫情的重大战略性成果，实现全面建成小康社会的胜利，中华民族伟大复兴向前迈出了新的一大步，根本在于有以习近平同志为核心的党中央领导人民团结一心、众志成城，这是我们不可战胜的伟力。党的十九届六中全会明确提出“两个确立”，是体现全党共同意志、反映人民共同心声的重大政治判断，体现了百年大党保持统一的思想、坚定的意志、协调的行动、强大的战斗力的清醒和坚定。在以习近平同志为核心的党中央坚强领导下，我国国际影响力、感召力、塑造力全面显著提高，“中国之治”与“西方之乱”形成鲜明对比。特别是2020年以来，在泰山压顶的危难时刻，成功战疫情、抗洪涝，促改革、推开放，抓脱贫、惠民生，保增长、稳大局，全面建成小康社会取得伟大历史性成就，脱贫攻坚战取得全面胜利，创造了又一个彪炳史册的人间奇迹。

习近平总书记在庆祝中国共产党成立100周年大会上的讲话中指出：“中国共产党为什么能，中国特色社会主义为什么好，归根到底是因为马克思主义行！”[①] 习近平总书记这一重要论述是我们党继续维护党的团结和集中统一，不断用习近平新时代中国特色社会主义思想这一马克思主义中国化最新成果武装头脑，推动工作的基本依据。

在实现中华民族伟大复兴的新征程上，团结奋斗是解决各类问题的现实需要。习近平总书记在党的二十大报告中深刻总结了我们在长期实

① 习近平：《在庆祝中国共产党成立100周年大会上的讲话》，人民出版社2021年版，第13页。

践中得出的至关重要的规律性认识，指出："团结奋斗是中国人民创造历史伟业的必由之路。"①过去一百年，中国共产党向人民、向历史交出了一份优异的答卷。现在，中国共产党团结带领中国人民又踏上了实现第二个百年奋斗目标新的赶考之路。前进路上，可能遇到各种风高浪急甚至是惊涛骇浪的重大考验。习近平总书记不断告诫我们，要经常、主动向党中央看齐，向党的理论和路线方针政策看齐，以达到全党统一行动。"团结就是力量，团结才能胜利。全面建设社会主义现代化国家，必须充分发挥亿万人民的创造伟力。"②广大党员要真正做到对党忠诚、知行合一，严守政治纪律和政治规矩，坚决落实维护党中央权威和集中统一领导的各项制度，不断增强党的政治领导力、思想引领力、群众组织力、社会号召力，确保我们党永葆旺盛生命力和强大战斗力。

第二节 深刻认识始终统一思想、统一意志、统一行动的困难挑战

党的团结统一是党的力量所在。如何在党保证党的规模和数量的同时保证保持党的团结统一决不是一般的问题和个人的事，而是方向性、原则性、根本性问题，关乎党和国家的前途命运，关乎人民群众的根本利益。党的十八大以来，习近平总书记多次强调，党员数量快速增长的情况下要继续保持党的力量和作用。百年奋斗历史同样深刻启示，团结就是力量，奋斗开创未来；能团结奋斗的民族才有前途，能团结奋斗的

---

① 习近平：《高举中国特色社会主义伟大旗帜 为全面建设社会主义现代化国家而团结奋斗——在中国共产党第二十次全国代表大会上的报告》，人民出版社 2022 年版，第 70 页。

② 习近平：《高举中国特色社会主义伟大旗帜 为全面建设社会主义现代化国家而团结奋斗——在中国共产党第二十次全国代表大会上的报告》，人民出版社 2022 年版，第 70 页。

政党才能立于不败之地；围绕明确奋斗目标形成的团结才是最牢固的团结，依靠紧密团结进行的奋斗才是最有力的奋斗。

一、保持党的团结统一，难在规模庞大

“多士成大业，群贤济弘绩。”100 多年来，正是成千上万共产党员前赴后继、英勇奋斗，我们党才能领导人民从胜利走向新的胜利。但历史反复证明，庞大不等于强大。诚然，党的威望、战斗力和号召力都是以一定规模的党员为基础的，但当政党发展到一定规模后，会随之带来一系列的问题。如党员数量快速增长下怎么样继续保证党员质量，党组织规模扩大后如何进行管理教育以保证党员始终发挥先锋模范作用、保证基层组织继续围绕中心工作发力等。

中国共产党的大党之大，并不仅仅在数量，更重要的还在力量。数量，是力量的基础，但只有庞大的数量实现了力量的凝聚，才会对历史进步产生质的作用。根据中央组织部最新党内统计数据显示，到 2022 年底，中国共产党党员总数更是达到 9804.1 万名。回望历史，中国共产党成立时只有 50 多名党员。党员人数甚至没有达到成立中央执行委员会的要求，只按照一大通过的《中国共产党第一个纲领》的规定选举产生了一个三人组成的中央局。这样一个小小的规模，似乎微不足道，也难成大事。但他们是种子、是酵母、是走在时代潮流前列的先锋。党成立后，立即深入工农，广泛开展群众运动，扩大党的组织和规模。百年栉风沐雨，中国共产党从小到大、由弱到强，从建党时 50 多名党员，发展成为在最大的社会主义国家执政 70 多年、拥有 9800 多万党员的最大马克思主义执政党。党员数量的增加，不止是数字上的增长，更是党茁壮成长真实见证和记录。如果说 50 余名党员是燎原东方的星星之火，那么 9800 多万名党员已然是逐梦前行的磅礴力量。100 余年来，中国共产党在中国的政治和社会生活中显示出独特优势和强大生命力，在推进国家

治理体系和治理能力现代化中发挥了不可替代的作用，也为人类政治文明发展作出了重大贡献。

规模庞大对组织体系建设提出了更高的要求。中国共产党的战斗力，除了宗旨、思想、任务等等外，很大程度上来自于组织。中国共产党的党员数量，不是一个简单、随意甚至凌乱的数字，而是一组严密、有序、高度组织化的数据。2018 年，习近平总书记在全国组织工作会议上指出，进入新时代，开启新征程，必须更加注重党的组织体系建设，不断增强党的政治领导力、思想引领力、群众组织力、社会号召力，把党员组织起来，把人才凝聚起来，把群众动员起来。这一重要论述，提出了加强党的组织体系建设的重大命题。党的组织体系由指导思想、组织、党员、干部、制度规则等多个要素构成。当有的党员干部个人主义、自由主义严重，目无组织纪律，不服从组织安排；当有的党组织和领导干部不严格执行请示报告制度，变着法儿规避组织监督，让组织程序空转；当有的领导班子不能很好地执行民主集中制，班子里各自为政；当有的党员干部大搞拉帮结派、搞小圈子；当有的党组织疏于管理，缺乏严肃认真的组织生活时，党的凝聚力和战斗力就会大大削弱。严密的、科学的、坚强的组织体系是全党的团结统一和行动一致的重要保证。没有党的组织体系，党就会变成一盘散沙。严格的组织生活、严密的组织纪律，能够把党员组织起来，把人才凝聚起来、把群众动员起来，进而形成中国共产党百折不挠、无坚不摧的基本态势。

二、保持党的团结统一，难在社会利益多元、思想多样化

当党员数量增多、党的组织规模扩大，政党的组织环境的复杂性就会增加，思想多元化、社会结构变化，都会对管党治党带来一系列挑战。1939 年，中国共产党党员从全民族抗战开始的 4 万多名发展到 50 多万

名之时，毛泽东就提出，过去是小的，现在是大的，那末怎么办？这充分反映出形势和环境的转变会对管党治党提出新的要求。与中小型政党相比，中国共产党的9800多万名党员来自多领域、多阵线、多民族、多宗教，如何凝聚思想共识，是保持党的团结统一必须回答的重大问题。

党的规模扩大容易导致凝聚思想共识困难、党内思想观念严重混乱的局面。对于世界大党来说，一旦党内思想混乱，失去党魂、党德，这个政党很可能会走向沦亡。殷鉴不远，苏联及其身后的历史时时提醒我们，如何凝聚起思想共识对大党的建设至为重要。谈及苏共历史，习近平总书记曾强调："信念不牢也是要地动山摇的。苏联解体、苏共垮台、东欧剧变不就是这个逻辑吗？苏共拥有20万党员时夺取了政权，拥有200万党员时打败了希特勒，而拥有近2000万党员时却失去了政权。我说过，在那场动荡中，竟无一人是男儿，没什么人出来抗争。什么原因？就是理想信念已经荡然无存了。"[①]"苏联为什么解体？苏共为什么垮台？一个重要原因就是意识形态领域的斗争十分激烈，全面否定苏联历史、苏共历史，否定列宁，否定斯大林，搞历史虚无主义，思想搞乱了，各级党组织几乎没任何作用了，军队都不在党的领导之下了。最后，苏联共产党偌大一个党就作鸟兽散了，苏联偌大一个社会主义国家就分崩离析了。这是前车之鉴啊！"[②]在"公开性""民主化"的口号下，苏共内部出现了严重的思想混乱。在改革的过程中，苏共在关于什么是社会主义、什么是马克思主义、什么是人民民主等问题上，又出现一系列模糊和错误认识，最终导致苏共近2000万名党员在改革方向问题上出现了严重分歧，进而走向亡党亡国。

社会利益多元化不断考验党的团结统一。中国共产党自成立以来，始终把为中国人民谋幸福、为中华民族谋复兴作为自己的初心使命。始

---

① 习近平：《推进党的建设新的伟大工程要一以贯之》，《求是》2019年第19期。

② 《十八大以来重要文献选编》（上），中央文献出版社2014年版，第113页。

终坚持人民至上，始终代表中国最广大人民的根本利益，从来不代表任何利益集团、任何权势团体、任何特权阶层的利益，是中国共产党立于不败之地的根本所在。但也要看到，当前，我国发展内外环境发生深刻变化，所有制形式、社会阶层、社会思想观念更加多样。利益关系多样化直接影响了部分党员干部的利益观，一些党员干部个人意识和本位意识增强，政治意识、大局意识弱化。有的为维护本地区、本部门的局部利益，甚至采取“上有政策、下有对策”的态度，搞地方和部门保护主义。有的淡化了党的宗旨意识、群众观点和大局观念，更多地关注自身的利益、形象、地位、前途，滋长了不正之风。有的入党动机不纯，入党不是为了远大理想，不是为了党的事业和人民利益，而是更看重党员政治待遇的好处，把入党当成获取个人资本的阶梯。教育引导党员、干部牢固树立人民利益至上的观念，正确认识市场经济条件下利益关系的变化，特别要正确看待必然存在的利益差别，在利益诱惑面前保持清醒心态，在利益差距面前保持平和心态，在利益冲突面前保持正确心态尤为重要。教育引导党员、干部正确处理个人利益与整体利益、局部利益与全局利益的关系，正确处理义与利之间的关系，严格划清正当利益与非正当利益、合法利益与非法利益的界限尤为关键。我们必须清醒认识到，保持党的先进性和纯洁性，才能保证党团结成一块攻无不克、战无不胜的坚硬钢铁。

三、保持党的团结统一，难在始终维护党中央权威

中国共产党是按照民主集中制这一党的根本组织原则、组织制度和领导制度建立起来的政党。民主集中制有效解决了组织分散性和独立性的问题。中国共产党 100 余年来的历史反复证明，凡是民主集中制坚持得好，党的事业就兴旺发达；反之，党的事业就遭受挫折。党的十八大以来，以习近平同志为核心的党中央坚持并创新民主集中制，强调“维

护党中央权威和集中统一领导，同坚持民主集中制是一致的”[①]。如何贯彻民主集中制、如何有效维护中央权威，特别是在复杂历史形势中、斗争状态下坚持维护党中央权威，防止党的团结统一遭到破坏，甚至出现四分五裂的历史惨剧是大党需要不断思考和应对的问题。

维护党中央权威是保持党的团结的重要保证。维护党中央权威思想是马克思主义党建理论的重要组成部分。马克思、恩格斯都曾高度强调集中和权威的重要性，恩格斯还专门写就了《论权威》一文，但他们参与和指导下建立的第一国际和第二国际没有组织纪律的约束，难以形成党的统一行动，在遇到一些重大问题时就容易出现内部严重分歧。列宁在革命实践中深切感受到，没有严格纪律和统一行动的政党必然是软弱无力的，根本无法承担发动和领导旨在夺取政权的政治斗争。列宁发展了第一国际、第二国际的民主制，提出了民主集中制，并强调维护中央权威的重要性。列宁认为，“在通常情况下，在多数场合，至少在现代的文明国家内，阶级是由政党来领导的；政党通常是由最有威信、最有影响、最有经验、被选出担任最重要职务而称为领袖的人们所组成的比较稳定的集团来主持的”。[②]为了维护俄共党中央权威，列宁同党内分裂势力进行了激烈的斗争。维护中央权威巩固了列宁俄共（布）党内核心地位，增强了俄（布）中央的整体政治威望和领导力。但列宁逝世后，苏共历任领导没有很好地贯彻列宁的探索，要么是斯大林式的严重破坏党的民主集中制，要么陷入极端民主化，苏共没有形成真正促进党的团结的中央权威。苏联共产党垮台，很重要的原因是戈尔巴乔夫的资历和威望不足以消除党内高层的分歧，2000万人的大党成了一盘散沙。总结苏共的历史教训，习近平总书记鲜明地指出，“古往今来，世界上的大国崩溃或者衰败，其中一个普遍的

① 习近平：《以解决突出问题为突破口和主抓手 推动党的十八届六中全会精神落到实处》，《人民日报》2017年2月14日。

② 《列宁选集》第4卷，人民出版社2012年版，第151页。

原因就是中央权威丧失、国家无法集中统一”。①

维护党中央权威需要因应历史方位的转变。民主集中制的贯彻实施是长期探索的结果。所谓民主，就是党内重大事务，包括政策与策略、人事安排和危机处置等等，要在充分讨论的基础上通过少数服从多数的表决形成党的决定。所谓集中，就是一旦党形成了统一的决定，所有党组织和每个党员都要无条件服从并努力付诸实施。贯彻民主精神的同时始终突出组织机制的严密性、纪律规范的严格性，是无产阶级政党相对于资产阶级政党独有的组织特征。中国共产党是奉行民主集中制成立的党，在党建立初期就强调党必须有“集中指导下的民主生活”。抗日战争时期，面对中国革命任务的独特性，中国共产党正式形成以毛泽东同志为核心的党的第一代中央领导集体，并将民主集中制解释为“在民主基础上的集中和在集中领导下的民主”。新中国成立后，党执行民主集中制受到了党的地位变化、国际形势转变带来的挑战。党对新条件下执行民主集中制进行了探索，但一系列探索并未得到完整始终的执行，反而出现了民主极端化（党员蔑视各级组织的权威），集中绝对化（党主席权力无限化），党的一元化领导体制逐步遭遇扭曲。改革开放以来，和平与发展成为时代的主题，我们受到外部封锁的不利环境逐渐被扭转，党成为对外开放和发展社会主义市场经济条件下领导国家建设的党。在这一历史方位中，邓小平指出处理党和领袖之间的关系是健全党内民主集中制最为关键的问题。他认为权力过分集中与个人凌驾于组织之上使得一元化领导蜕变为个人领导，滋生官僚主义。因此要始终把集体领导原则放在首位，但同时维护领导核心的权威，坚决恢复和实行“集体领导和个人分工负责相结合”的制度。党的十八大以来，中国特色社会主义进入新时代。面对世所罕见、史所罕见的重大风险挑战，我们党进一步

① 习近平：《推进党的建设新的伟大工程要一以贯之》，《求是》2019 年第 19 期。

完善了民主集中制，更好地确保党中央权威和集中统一领导。新时代以来国内外各种风浪的考验和检验，进一步充分证明，以习近平同志为核心的党中央的坚强有力领导是我们战胜一切困难和风险挑战的根本保证。任何时候、任何情况下都自觉同以习近平同志为核心的党中央保持高度一致，坚定拥护“两个确立”、坚决做到“两个维护”，是战胜一切艰难险阻的胜利之源，是应对一切不确定性的最大确定性。

第三节 准确把握始终统一思想、统一意志、统一行动的基本要求

作为世界上最大的马克思主义执政党，中国共产党拥有 9800 多万名党员和 500 多万个基层党组织。把这么多党员团结起来、凝聚起来，把这么大一个党治理好、建设好，难度可想而知。实现中华民族伟大复兴是充满光荣和梦想的远征，只有加强团结统一，以全党的意志统一为支撑、以全党的行动统一为保障、以全党的步调统一为准绳，才能保证我们党成为“一块坚硬的钢铁”，在坚持和发展中国特色社会主义的历史进程中始终成为坚强领导核心。

一、以坚定理想信念宗旨为思想根基

马克思主义政党不是因利益而结成的政党，而是以共同理想信念而组织起来的政党。实现共产主义是党的最高理想和最终目标，走中国特色社会主义道路是中国共产党人的坚定信念，坚持全心全意为人民服务是我们党的根本宗旨。习近平总书记指出：“我们党以马克思主义为立党之本，以实现共产主义为最高理想，以全心全意为人民服务为根本宗旨。这就是

共产党人的本。没有了这些，就是无本之木。我们整个道路、理论、制度的逻辑关系就在这里。”① 坚定理想信念宗旨，是马克思主义政党的根本要求，也是中国共产党自身建设的宝贵经验。无论过去、现在还是将来，对马克思主义的信仰，对中国特色社会主义的信念，对实现中华民族伟大复兴中国梦的信心，都是指引全党步调一致向前进的强大力量。

把共产主义远大理想和中国特色社会主义共同理想结合起来。中国共产党之所以叫共产党，就是因为从成立之日起我们党就把共产主义确立为远大理想。共产主义远大理想和中国特色社会主义共同理想，是中国共产党人的精神支柱和政治灵魂，也是保持党的团结统一的思想基础。建党初期，一群胸怀救国济民远大志向、接受马克思主义先进理念的年轻人聚在一起，建立了中国共产党。一百多年来，我们党之所以能够经受一次次挫折而又一次次奋起，归根到底是因为我们有远大理想、坚定信念和崇高追求。应当指出的是，实现共产主义不是一蹴而就的。国际共产主义运动史和我国社会主义发展史上都曾出现过把共产主义庸俗化，甚至认为共产主义很快就能实现的偏差。只有清醒认识到共产主义“渺茫论”和“速到论”都是错误的，广大党员才能以更清醒的政治头脑、更强大的战略定力向前进。正因为如此，习近平总书记告诫全党，实现共产主义需要一个相当漫长的历史时期，但我们党员干部心中要有这盏明灯。共产党人在任何情况下都要做到政治信仰不变、政治立场不移、政治方向不偏，守住自己的政治生命线，守住自己的政治灵魂。

始终坚持用科学理论武装头脑。有统一的思想才有统一的行动，有科学的理论才有正确的行动。思想上的统一是党的团结统一最深厚最持久最可靠的保证。怎么实现全党思想、意志、行动的统一？最根本的就是用党的基本理论武装全党。马克思曾指出：“批判的武器当然不能代替

① 《习近平关于协调推进“四个全面”战略布局论述摘编》，中央文献出版社 2015 年版，第 138 页。

武器的批判，物质力量只能用物质力量来摧毁；但是理论一经掌握群众，也会变成物质力量。”① 一百余年来，中国共产党在革命、建设、改革的伟大实践中创立了毛泽东思想、邓小平理论、“三个代表”重要思想、科学发展观、习近平新时代中国特色社会主义思想等马克思主义中国化时代化的理论成果。这些重大理论成果是我们党团结奋斗的行动指南。党的十八大以来，以习近平同志为主要代表的中国共产党人，坚持把马克思主义基本原理同中国具体实际相结合、同中华优秀传统文化相结合，深刻总结并充分运用党成立以来的历史经验，从新的实际出发，科学回答中国之问、世界之问、人民之问、时代之问，创立了习近平新时代中国特色社会主义思想，实现了马克思主义中国化时代化新的飞跃。习近平新时代中国特色社会主义思想是当代中国马克思主义、二十一世纪马克思主义，是中华文化和中国精神的时代精华，是党和人民实践经验和集体智慧的结晶，是中国特色社会主义理论体系的重要组成部分，是全党全国人民为实现中华民族伟大复兴而奋斗的行动指南，必须长期坚持并不断发展。

坚持不懈抓好党内教育。开展党内集中教育是我们党加强自身建设、推进自我革命的一大法宝。党的十八大以来，中国特色社会主义进入了新时代，新时代要有新的思想武装、新的理念举措、新的党风党貌。如何及时有效地用习近平新时代中国特色社会主义思想武装全党，把党的科学理论转化为强大物质力量，更加坚定自觉地为实现党的历史使命而奋斗，仍是一个亟待我们党作出回答的重大课题。与此同时，在中国特色社会主义新时代，我们党面临的“四大考验”和“四种危险”仍然是长期的、复杂的、尖锐的、严峻的，这就要求我们要努力把党建设好、建设强。开展学习贯彻习近平新时代中国特色社会主义思想主题教育，

① 《马克思恩格斯文集》第 1 卷，人民出版社 2009 年版，第 11 页。

坚持不懈用习近平新时代中国特色社会主义思想凝心铸魂，切实加强党的思想建设，对于推动全党更加深刻领悟“两个确立”的决定性意义，更加自觉增强“四个意识”、坚定“四个自信”、做到“两个维护”，始终在思想上政治上行动上同以习近平同志为核心的党中央保持高度一致，具有十分重大的意义。

二、以严密组织体系为重要支撑

党是“组织的总和”。严密的组织体系是党的优势所在、力量所在。列宁强调，“无产阶级在争取政权的斗争中，除了组织，没有别的武器”，无产阶级“所以能够成为而且必然会成为不可战胜的力量，就是因为它根据马克思主义原则形成的思想一致是用组织的物质统一来巩固的”[①]。党的十八大以来，我们党之所以解决了许多长期想解决而没有解决的难题，办成了许多过去想办而没有办成的大事，党和国家事业取得历史性成就、发生历史性变革，谱写了新时代中国特色社会主义新篇章，一个重要原因就是依靠上下贯通、执行有力的组织体系，党中央的决策部署得到不折不扣的贯彻落实。新征程上，各级党组织要履行好党章赋予的各项职责，把党的路线方针政策和党中央决策部署贯彻落实好，把各领域广大群众组织凝聚好。

坚持和加强党中央集中统一领导。事在四方，要在中央。党中央是大脑和中枢，党和国家大政方针的决定权在党中央。党的任何组织和成员必须以实际行动维护党中央一锤定音、定于一尊的权威，必须服从党中央集中统一领导。历史证明，什么时候党中央有权威，党就有力量，党就不会变成一盘散沙。要坚决维护习近平总书记党中央的核心、全党的核心地位。要教育引导党员干部从历史和现实、理论和实践、国内和

① 《列宁全集》第 8 卷，人民出版社 2017 年版，第 415 页。

国际的结合上深刻认识、强化认同，不断增强拥护核心、跟随核心、捍卫核心的思想自觉、政治自觉、行动自觉。要优化党中央决策议事协调机构，其他方面的议事协调机构，要同党中央决策议事协调机构的设立调整相衔接，保证党中央令行禁止和工作高效。要全面、系统、整体落实党的领导。健全总揽全局、协调各方的党的领导制度体系，完善党中央重大决策部署落实机制，确保全党在政治立场、政治方向、政治原则、政治道路上同党中央保持高度一致，确保党的团结统一。

切实加强党的地方组织建设。党的地方组织是本地区的领导核心，在党的各级各类组织中发挥着承上启下的作用。截至2022年底，中国共产党党内统计公报显示：全国共有党的各级地方委员会3198个。其中，省（区、市）委31个，市（州）委397个，县（市、区、旗）委2770个。近3200个地方党委强不强、领导作用发挥好不好，事关党的整个组织体系的有效运转、工作效能，事关党的整体执政能力和领导水平的提升，事关党始终成为中国特色社会主义事业的坚强领导核心。地方党组织要严格按照《中国共产党地方委员会工作条例》的规定，进一步完善地方党委制度，认真履行全面从严治党主体责任。要着眼于地方党委工作的新发展，把党执政治国新实践对地方党委工作提出的新要求转化为制度化成果。要直面新形势下地方党委提升执政能力和领导水平遇到的现实问题，有针对性地作出制度安排，从而进一步发挥党的领导核心作用，确保党的路线、方针、政策在基层得到有效落实。

全面加强党的基层组织建设。在中国共产党的组织体系里，基层党组织处于最基础、第一线的位置，是党执政的根基。党的一切口号、主张、政策，依靠支部才能具体深入到群众中去。依靠支部在群众中日常的宣传组织工作，才能使广大群众团结在党的口号、主张、政策之下。东西南北中，党政军民学，党正是通过基层组织和严密的组织体系，以组织的形式渗透到社会各个领域、各个角落，党的意志、主张、政策、方针、路线等才能够真正成为广大党员干部的行动指南。进入新时代，“四大考验”“四种危险”对党的基层组织、党员而言是现实和急迫的挑战。党的组织建设制度执行不力、基层组织涣散、党支部抓党建工作不实、支部成员专职化程度低、业务素质不高、党员意识弱化、支部生活表面化庸俗化，特别是党的政治生活弱化等问题，严重影响了基础组织的凝聚力、战斗力、执行力。习近平总书记强调，党的工作最坚实的力量支撑在基层，经济社会发展和民生最突出的矛盾和问题也在基层，必须把抓基层打基础作为长远之计和固本之举，丝毫不能放松。要坚持大抓基层的鲜明导向，推进以党建引领基层治理，持续整顿软弱涣散基层党组织，把基层党组织建设成为有效实现党的领导的坚强战斗堡垒。

三、以严明纪律规矩为有力保障

欲知平直，则必准绳；欲知方圆，则必规矩。党的纪律是维护党的团结统一的重要武器，纪律严明是全党统一意志、统一行动、步调一致的重要保障。政党是由党的各级组织和众多党员组成的“政治集合体”。中国共产党的团结统一是党的生命，也是全国人民大团结的基础。如何保证党的团结统一？习近平总书记指出：“要靠共同的理想信念，靠严密的组织体系，靠全党同志的高度自觉，还要靠严明的纪律和规矩。”①中国共产党党员数量众多，比德国、法国等欧洲大国人口数量还多，还领导着约占世界 1/5 的人口。如果没有铁的纪律，就没有党的团结统一，党的凝聚力和战斗力就会大大削弱，党的领导能力和执政能力就会大大削弱。党的纪律是完成党的任务的重要保证。越是形势复杂、越是任务艰巨，就越要加强纪律建设，越要维护党的团结统一，确保全党统一意志、统一行动、步调一致前进。

---

① 《十八大以来重要文献选编》(中)，中央文献出版社 2016 年版，第 347 页。

以政治纪律为根本。党的政治纪律是党的各级组织和全体党员在政治方向、政治立场、政治言论和政治行为方面必须遵守的行为准则。旗帜鲜明讲政治，是我们党能够成为百年大党、创造世纪伟业的关键所在。但是，一些党员干部却无视党的政治纪律和政治规矩，为了自己的“仕途”，为了壮大自己的“队伍”，搞任人唯亲、排斥异己的有之，搞团团伙伙、拉帮结派的有之，搞匿名诬告、制造谣言的有之，搞收买人心、拉动选票的有之，搞封官许愿、弹冠相庆的有之，搞自行其是、阳奉阴违的有之，搞尾大不掉、妄议中央的也有之，有的人甚至已经到了肆无忌惮、胆大妄为的地步。而这些问题往往没有引起一些地方和部门党组织的注意，有的发现了问题也没有上升到党纪国法高度来认识和处理，导致不正之风和腐败现象滋生蔓延，破坏党群干群关系，恶化政治生态，给党的事业带来极大损害。党的十八大以来，以习近平同志为核心的党中央坚持问题导向，把严守政治纪律和政治规矩放在首位，用铁的纪律管全党治全党，营造了旗帜鲜明讲政治、从严从紧抓纪律的氛围，对顶风违反政治纪律、政治规矩的问题，坚持严厉查处。党的十八届六中全会通过的《关于新形势下党内政治生活的若干准则》对严明党的纪律特别是政治纪律作出明确规定，提出具体要求，这为规范党内政治生活、净化党内政治生态，永葆党的先进性纯洁性、提升党的凝聚力战斗力，解决新形势下党内政治生活出现的新矛盾新问题提供了遵循。

健全全面从严治党体系。以科学的态度、体系化的方式推进自我革命，是我们党的显著优势，也是引领时代的制胜之道。无数正反两个方面的经验告诉我们，一旦失去纪律的约束，党员、干部丧失斗志、消极颓废、以权谋私、腐化堕落就很难免；党的组织就会一盘散沙、形同虚设，失去战斗力。党内出现的种种与党的性质和宗旨格格不入的问题，追根溯源就在于管党不严、治党不力，失之于宽、失之于软。新时代以来，我们党不断深化对自我革命规律的认识，不断推进党的建设理论创新、实践创新、制度创新，在构建全面从严治党体系上积累了丰富成果。健全全面从严治党体系，是党的二十大提出的加强新时代党的建设的重大举措。健全全面从严治党体系，是全党的共同责任，必须充分发挥党的政治优势、组织优势、制度优势。要深刻把握党自我革命历史经验特别是党的十八大以来全面从严治党新鲜经验，立足新的形势任务，在党中央集中统一领导下，健全各负其责、统一协调的管党治党责任格局，把全的要求、严的基调、治的理念落实到全面从严治党体系的构建之中，不断提升制度化、规范化、科学化水平，使全面从严治党各项工作更好体现时代性、把握规律性、富于创造性，为党和国家事业健康发展提供政治、思想、组织保证。

第四章

如何始终具备强大的执政能力和领导水平

必须始终具备强大的执政能力和领导水平——这是习近平总书记阐述的解决大党独有难题的第三个问题。习近平总书记之所以提出这个问题，就是提醒全党，一个在 14 亿多人口大国长期执政的党，面对世界百年未有之大变局，面对我国正处于实现中华民族伟大复兴的关键时期，能力不足、本领不强，就无法带领人民完成新时代的历史使命。这个问题事关党和国家长治久安、事关中华民族伟大复兴事业，是我们党长期执政必须不断探索并努力回答的重要战略课题。

第一节　始终具备强大执政能力和领导水平的历史逻辑与现实逻辑

中国共产党成为执政党，成为中国特色社会主义事业的核心领导力量，是历史的选择、人民的选择。马克思主义唯物史观认为，人类社会是一个不断发展的世界历史过程，一切科学理论的应用都必须以具体的历史条件为依据。不断加强党的执政能力建设，提高党的领导水平，始终确保党具备强大的执政能力和领导水平，既是时代的要求、人民的要求，同时也是马克思主义政党建设的题中之义。建党百余年来，中国共产党之所以能够始终赢得人民拥护，团结带领全国人民实现不同历史时期使命任务，一个重要原因就在于我们党始终高度重视加强自身执政能力建设，不断提高党的领导水平。新时代以中国式现代化全面推进中华民族伟大复兴，要求党始终具备强大执政能力和领导水平，既是对建党以来党执政经验的深刻总结，同时也反映了在新的历史条件下践行党的使命任务、建设长期执政的马克思主义政党的现实要求。

一、不断推进党的事业取得胜利的重要法宝

从党的百余年发展历程来看，党的执政能力建设和领导水平的发展本质上反映的是党的建设同现实的革命斗争环境不断互动和相互适应的过程。一方面，中国共产党是具有彻底革命精神的马克思主义政党，以其科学的领导力和强大的执政力，自诞生之日起就自觉成为了中国革命和社会主义建设事业的坚强领导核心，有效推动着中国无产阶级民主革命事业和社会主义建设事业的发展；另一方面，马克思主义的鲜明政治底色要求中国共产党必须主动根据世情、国情、党情的变化，主动灵活地适时调整党的执政能力建设战略重心和主攻方向，取得党的建设伟大工程的阶段性胜利。事实上，始终确保党具备强大的执政能力和领导水平不是一蹴而就的，而是一个持续变化和长期发展的动态过程。

新民主主义革命时期，中国共产党经历了从局部执政探索到全国执政的转变过程，党的执政能力建设始终是服务于夺取新民主主义革命胜利政治目标的。1925 年，党的四大明确提出要积极发挥党在国民党内及其他政治组织中的政治领导作用，提出“吾党在国民党及其他有政治性质的重要团体中，应组织党团，从中支配该党和该团体的活动”。[①] 抗日战争时期，党的这一领导方式被广泛嵌入党所领导的抗日革命根据地和陕甘宁边区政府建设中，形成了党的早期政权建设的“三三制”模式，即通过党对民意机关和行政机关的统一领导，将代表工人阶级和贫农的共产党员、代表和联系广大小资产阶级的非党左派进步分子以及代表中

① 《建党以来重要文献选编》（1921—1949）第 2 册，中央文献出版社 2011 年版，第 260 页。

等资产阶级、开明绅士的中间分子纳入到权力机关人员构成中，既体现了中国共产党民主执政的先进政治意识，同时又实现了抗日民族统一战线，对实现抗日战争和新民主主义革命胜利及之后的政权建设起到了极为关键的示范引领作用。

社会主义革命和建设初期，中国共产党要在全国范围内成为执政党，党的执政能力建设面临着如何实现党的政治建设与政府行政工作相协调、如何实现党的执政能力与领导水平与社会主义中国建设发展需求相一致的难题。新中国成立前后，围绕共产党人能否治理和建设国家，是否具备足够的执政能力和领导水平实现新中国建设的问题，党内外展开了激烈讨论。在《论人民民主专政》中，毛泽东明确指出，只有共产党领导的人民民主专政的国家才能实现革命的最终胜利，只有我们党才具备领导和建设新中国的资格和能力①。在1954年召开的第一届全国人民代表大会上，他再次强调："领导我们事业的核心力量是中国共产党。指导我们思想的理论基础是马克思列宁主义。我们有充分的信心……将我国建设成为一个伟大的社会主义共和国。"②"没有这样一个核心，社会主义事业就不能胜利。"③

改革开放以来，随着全党工作中心向经济建设转移，中国特色社会主义道路的探索和社会主义市场经济体制的广泛确立，为我们党加强党的执政能力建设，提高党对复杂形势的把握能力和领导水平提出了新的要求。邓小平尖锐地指出："执政党应该是一个什么样的党，执政党的党员应该怎样才合格，党怎样才叫善于领导？"④这是改革开放初期，党的执政能力建设围绕的一项核心命题。面对社会主义市场经济持续发展带

---

①《毛泽东选集》第4卷，人民出版社1991年版，第1477页。

②《毛泽东文集》第6卷，人民出版社1999年版，第350页。

③《毛泽东文集》第7卷，人民出版社1999年版，第303页。

④《邓小平文选》第2卷，人民出版社1994年版，第276页。

来的社会经济结构和利益格局的深刻变化，参与国际竞争带来的重大机遇和风险挑战，党在复杂经济社会形势发展和政治斗争中的核心领导作用愈发凸显，“我们的各项工作能否做好，我们能否在激烈的国际竞争中始终掌握主动，我们的事业最终能否成功，很大程度上取决于我们党的领导水平和执政能力”①。始终具备强大的执政能力和领导水平，俨然已经成为我们党在改革开放和市场经济条件下，应对复杂局势、提高拒腐防变和应对风险挑战能力的关键举措。

二、新时代践行党的使命任务的迫切需要

绳短不能汲深井，浅水难以负大舟。以中国式现代化全面推进中华民族伟大复兴是新时代中国共产党的使命任务，同时也是中国特色社会主义最为突出的时代主题。以习近平同志为核心的党中央深刻总结我们党的执政经验，从关系党和国家前途命运的高度深入回答“建设什么样的长期执政的马克思主义政党、怎样建设长期执政的马克思主义政党”的重大时代课题。中国共产党作为世界上最大的马克思主义执政党，肩负着在14亿多人口大国实现社会主义理想的重大使命任务，是中国特色社会主义事业发展的领导核心和根本政治保证。党的二十大提出必须时刻保持解决大党独有难题的清醒和坚定，要求全党同志务必不忘初心、牢记使命，务必谦虚谨慎、艰苦奋斗，务必敢于斗争、善于斗争。这彰显了我们党在如何始终具备强大的执政能力和领导水平问题上高度的理论清醒和政治自觉。

党和国家事业越向前发展，对党的执政能力和领导水平的要求就越高。新时代以来，立足世界百年未有之大变局和中华民族伟大复兴战略全局，党和国家发展面临的形势发生深刻变化。当前国际局势错综复杂，

① 江泽民：《论党的建设》，中央文献出版社2001年版，第484页。

世界多极化和经济全球化格局正加速形成，世界越来越被联结成为一个统一的整体，综合国力竞争日趋激烈，国内外各种思想文化相互激荡，经济社会发展的各类风险矛盾日益激烈，敌对势力对我国实施西化、分化的图谋并没有改变。我们党和人民事业发展所面临的改革发展稳定任务之重、矛盾风险挑战之多、治国理政风险之大都是前所未有的。我们要始终赢得战略主动，占据战略优势，妥善解决经济社会发展和党的建设中存在的各种矛盾问题，防范化解重大风险，要求我们党必须始终具备强大的执政能力和领导水平。

全面建设社会主义现代化国家、全面推进中华民族伟大复兴，关键在党。面对新时代新形势新要求，我们必须清醒地认识到，党在领导方式和执政方式，领导体制和工作机制上还有许多不完善的地方。党和国家建设发展所面临的长期执政的考验、改革开放的考验、市场经济的考验、外部环境的考验依然存在，党内精神懈怠的危险、能力不足的危险、脱离群众的危险和消极腐败的危险更加尖锐地摆在全党面前，始终是威胁党长期执政地位的重要因素，党的领导干部中仍然广泛存在能力不足、本领恐慌的问题，这些问题说到底，就是党的执政能力不能适应新的斗争形势需要的问题，是党的领导水平、党员干部干事创业能力不能适应全面建设社会主义现代化国家战略目标要求的问题。党的十八大以来，以习近平同志为核心的党中央高度重视加强党的执政能力建设，把全面从严治党纳入“四个全面”战略布局，通过广泛的政治教育、组织引导和行为示范，不断增强党在新时代中国特色社会主义事业发展建设中的政治领导力、思想引领力、群众组织力和社会号召力，在复杂的政治斗争中“始终坚持和完善党的领导，不断提高党科学执政、民主执政、依法执政水平，充分发挥党总揽全局、协调各方的领导核心作用。”①

① 《习近平在陕西榆林考察时强调 解放思想改革创新再接再厉 谱写陕西高质量发展新篇章》，《人民日报》2021年9月16日。

三、保持马克思主义政党先进性和纯洁性的必要条件

先进性和纯洁性是马克思主义政党的本质属性，是党的生命所系、力量所在。中国共产党正是在加强党的先进性和纯洁性建设中成长为百年大党，是我们党始终具备强大执政能力和领导水平的重要价值指向。习近平总书记深刻指出："保持、发展先进性和纯洁性始终是马克思主义政党根本的思想政治任务，关系党的生死存亡和前途命运。"[①]保持党的先进性和纯洁性建设的本质就在于提高党科学运用马克思主义理论指导中国社会主义建设实践、维护和实现中国最广大人民群众根本利益的能力，始终坚持用党的创新理论成果武装全党、教育人民、指导实践，在复杂的政治斗争和执政实践中，切实提高党科学执政、民主执政、依法执政能力。通过不断强化党的执政能力，提高党的领导水平，始终确保党不变质、不变色、不变味，始终具有强大的创造力、凝聚力和战斗力，牢牢抓住党的先进性和纯洁性这个建设马克思主义政党的关键武器。

20世纪末期以来，世界政治局势发生深刻变化，一些长期执政的大党老党相继失去执政地位，究其根本，就是他们忽视了自身建设，丧失了先进性和纯洁性，导致执政能力和领导水平无法适应政党规模变化和经济社会发展的需要。甚至包括苏联共产党和一些东欧社会主义国家执政党，虽然在短期内迅速成为了该国规模最大的政党，确立了执政地位，但是却未能有效解决始终保持先进性纯洁性问题，党自身的蜕化变质导致了党的执政能力的衰退弱化，使党不能实现长期执政的目标。习近平总书记就提到过："苏共拥有二十万党员时夺取了政权，拥有二百万党员时打败了希特勒，而拥有近二千万党员时却失去了政权。"[②]可见，始

① 习近平：《坚持不懈推进党的先进性和纯洁性建设——在全国创先争优理论研讨会上的讲话》，《党建研究》2012年第6期。

② 《习近平著作选读》第2卷，人民出版社2023年版，第106页。

终具备强大的执政能力和领导水平，牢牢把握党的建设的先进性和纯洁性，是新时代我们党应对复杂局势变化，提高拒腐防变能力的重要条件。

第二节　具备强大执政能力和领导水平的现实困境

中国共产党是从革命斗争中成长和发展起来的马克思主义无产阶级执政党，与世界上其他政党相比，它不仅是一个拥有百年党龄的政党，更是肩负着在 14 亿多人口的大国实现社会主义，具有长期执政经验和庞大规模组织的大党。习近平总书记深刻指出：“我们党是世界上最大的政党，大就要有大的样子，同时大也有大的难处。把这么大的一个党管好很不容易，把这么大的一个党建设成为坚强的马克思主义执政党更不容易。”[①] 过去一百多年来，我们党团结领导全国各族人民实现了从站起来、富起来到强起来的伟大飞跃，实现了从局部执政到全面执政，从领导革命到发展建设的深刻转变，党的执政能力和领导水平取得了极大的锻炼和提升。然而，在新时代新征程，以中国式现代化全面推进实现中华民族伟大复兴的使命任务，全面建成社会主义现代化国家的战略目标，以及在这一过程中广泛存在的各类风险挑战因素的增加，对肩负着领导职责和执政使命的中国共产党提出了更高的要求。

一、使命任务之重

全面推进社会主义现代化，在中国积极推动伟大社会革命，实现无产阶级自我解放，是中国共产党作为从革命斗争中成长和发展起来的马

① 《习近平著作选读》第 2 卷，人民出版社 2023 年版，第 105—106 页。

克思主义政党各项政策策略的主要政治目标。党的一大通过的《中国共产党的第一个纲领》中明确提出，我们党政策的主要目的就是“要把工人、农民、士兵组织起来”，以实现社会革命的主要目的，进而“推翻资本家阶级的政权……直至阶级斗争结束为止”①。彻底改变中国贫穷落后的政治面貌是近代以来中国无数政党、仁人志士开展斗争的重要内容。从鸦片战争开始，清政府逐渐沦为帝国主义外来入侵势力的附庸，中国沦为半殖民地半封建社会。为了挽救民族危机，包括封建地主阶级在内的中国各不同阶级、团体、政党先后探索救亡图存之道，但最终都归于失败。即使是清政府腐朽统治被推翻后，资产阶级仿照西方国家建立了所谓的“民主政治”，但仍未能改变中国人民受剥削、受压迫，中国继续地沦为半殖民地半封建社会的状况。正如恽代英在评价中国近代民主革命斗争特征时所提到的：“许多人为中国的时局，定了许多不同的方案。但没有一个方案，能把中国微弱的国运挽转得回来。”②中国近代民主革命任务的艰巨性，恰恰证明了中国共产党能够实现中华民族独立、中国人民解放，在中国实现社会主义，夺取建党百余年来，新中国成立七十余年来伟大变革的伟大，更加印证了在新时代新征程中，继续以中国式现代化推进实现中华民族伟大复兴的使命任务的困难。

党的二十大报告明确提出，“从现在起，中国共产党的中心任务就是团结带领全国各族人民全面建成社会主义现代化强国、实现第二个百年奋斗目标，以中国式现代化全面推进中华民族伟大复兴。”③建党百余年来，中国共产党团结带领中国人民进行的一切奋斗、一切牺牲、一切创造，归根到底就是一个主题，即实现中华民族的伟大复兴。从新民主

---

①《建党以来重要文献选编》(1921—1949)，中央文献出版2011年版，第1页。

②《恽代英全集》第5卷，人民出版社2014年版，第196页。

③《高举中国特色社会主义伟大旗帜 为全面建设社会主义现代化国家而团结奋斗——在中国共产党第二十次全国代表大会上的报告》，人民出版社2022年版，第21页。

主义革命到社会主义革命和建设，从新中国成立初期社会主义建设道路的初步探索到改革开放中国特色社会主义现代化道路的基本形成，我们党对如何领导社会主义现代化国家建设发展，更加充分具备符合人民需要和社会主义现代化强国建设要求的执政能力和执政本领，进行了积极探索。在新中国成立以来特别是改革开放以来长期理论和政治实践创造的基础上，我们党以马克思主义中国化时代化最新理论成果为根本指导，实现了对中国特色社会主义理论体系在新时代的不断创新和突破，成功推进和拓展了中国式现代化。

中国式现代化进程中，中国共产党独特的政治地位决定了它在实现中华民族伟大复兴过程中的根本领导作用。党政军民学，东西南北中，党是领导一切的。新时代以来，面对急剧变化的国内外斗争形势和复杂多变的斗争条件，以习近平同志为核心的党中央，要求全党同志务必要积极“改进党的领导方式和执政方式，保证党领导人民有效治理国家”①，要通过切实有效的举措着力解决党在执政过程中暴露出来的党的领导弱化、能力和水平不足等一系列问题，在科学执政、民主执政、依法执政能力提高上不断强化、苦下功夫。习近平总书记强调，我们党当前面临的形势是极为严峻的，一些党员干部在新情况新问题面前，新办法不会用、老办法不管用，硬办法不敢用、软办法不顶用，学习能力不足、政治本领缺失，蛮干盲干，为党和国家事业发展带来了极为严重的损失②。面对辉煌成就和严峻形势。习近平总书记深刻指出：“这么大一个党，处在执政地位、掌控执政资源，很容易在执政业绩光环的照耀下，出现忽略自身不足、忽视自身问题的现象”。③ 如何跳出执政思维惯性的

① 习近平：《决胜全面建成小康社会 夺取新时代中国特色社会主义伟大胜利——在中国共产党第十九次全国代表大会上的报告》，《人民日报》2017 年 10 月 28 日。

② 《习近平谈治国理政》第 1 卷，外文出版社 2018 年版，第 403 页。

③ 习近平：《论坚持全面深化改革》，中央文献出版社 2018 年版，第 327 页。

怪圈，确保党在纷繁复杂的国内外政治斗争中始终站稳政治立场，紧扣时代脉搏与人民需求，在政治实践中不断提高党的执政能力和领导水平，妥善解决好“建设什么样的长期执政的马克思主义执政党、如何建设长期执政的马克思主义执政党”的问题，是我们党在新时代前进道路上，必须面对的大党独有难题。

二、风险挑战之多

当前，世界百年未有之大变局加速演进，世情、国情、党情发生深刻变化，中华民族正处于实现全面复兴的重大战略机遇期，这是近代以来中国所从未遇到过的，为我们党领导全国各族人民实现全面建设社会主义现代化国家、实现第二个百年奋斗目标提出了一系列新课题新要求，我们党执政能力和领导水平正面临着更为复杂和严峻的风险挑战。习近平总书记深刻指出：“我们今天开放发展的大环境总体上比以往任何时候都更为有利，同时面临的矛盾、风险、博弈也前所未有，稍不留神就可能掉入别人精心设置的陷阱。”①“既要看到成绩和机遇，更要看到短板和不足、困难和挑战，看到形势发展变化给我们带来的风险，从最坏处着眼，做最充分的准备，朝好的方向努力，争取最好的结果。”②新时代以来，中国共产党所面临的长期执政的考验、改革开放的考验、市场经济的考验和外部环境的考验将是长期的、复杂的、严峻的，是党提高执政能力和领导水平所必须应对的客观现实环境，这些考验所带来的党内精神懈怠危险、能力不足危险、脱离群众危险和消极腐败的危险成为悬在全体党员干部之上的达摩克利斯之剑，是党确保始终具备强大执政能力和领导水平所必须克服的风险要素和现实挑战。

---

① 《习近平谈治国理政》第 2 卷，外文出版社 2017 年版，第 213 页。

② 《习近平谈治国理政》第 2 卷，外文出版社 2017 年版，第 60 页。

党的十八大报告强调，改革开放以来，我国经济社会发展取得伟大成就，我们党和国家所面临的内部和外部环境发生深刻变革，与此同时，我们党所面临的执政环境也面临着新的历史性挑战，精神懈怠危险、能力不足危险、脱离群众危险、消极腐败危险更加尖锐地摆在全党面前。一方面，随着改革开放事业迅速推进，市场经济得到了深入发展，在为我们党和国家事业发展带来重要战略机遇的同时，也为党的先进性、纯洁性建设，为党的执政能力和领导水平发展带来了深刻挑战。面对资本主义思潮的影响，部分党员干部理论学习能力不足，理想信念滑坡，精神上严重缺“钙”，政治行为准绳丢失，政治精神懈怠，对政治风险的发生和蔓延日趋麻木。习近平总书记深刻指出：“如果哪天我们眼前发生‘颜色革命’那样的复杂局面，我们的干部是不是都能够毅然决然站出来捍卫党的领导，捍卫社会主义制度？”[①] 另一方面，中国共产党是依靠人民发展和壮大起来的无产阶级政党，和最广大的人民群众取得最密切的联系是我们党区别于其他任何政党的一个显著标志，这同时也是我们党强调要始终具备强大执政能力和领导水平的根本立场。

新时代以来，世情国情党情的深刻变化，是我们党持续提高党的执政能力，确保党始终具备强大领导水平的重要现实依据。一方面，早在2014年中央外事工作会议上，习近平总书记就深刻指出，当今世界是一个变革的世界，是一个新机遇新挑战层出不穷的世界，是一个国际体系和国际秩序深度调整的世界[②]。我们看世界，既不能被乱花迷眼，也不能被浮云遮眼，而是要科学研判发展进程中的战略机遇与风险挑战，善于化危为机、转危为安。另一方面，“社会主义初级阶段是当代中国的最大国情、最大实际”。[③] 习近平总书记深刻指出，中国仍然处于并将继续长

① 《习近平谈治国理政》第1卷，外文出版社2018年版，第415页。

② 《习近平谈治国理政》第2卷，外文出版社2017年版，第442页。

③ 《习近平谈治国理政》第1卷，外文出版社2018年版，第10页。

期处于社会主义初级阶段，仍然是世界上最大的发展中国家，是当代中国最大的现实，发展是解决中国一切问题的关键。要发展，就要解决矛盾，就要妥善解决发展中遇到的各类风险挑战。而新时代我们面临党情的深刻变化，归根到底就是党在世情国情变革条件下，所面临的实现自身建设、发展，不断提高自身长期执政能力建设和领导发展中国特色社会主义事业本领水平的现实情势。新时代，我们党所面临的长期执政的考验、改革开放的考验、市场经济的考验和外部环境的考验，在本质上反映了党在具体的政治斗争中，克服党和国家事业发展面临的重大风险挑战，加强和改进在新的斗争形势下党的建设重点内容，确保党的先进性与纯洁性的关键历史任务。

三、执政考验之大

习近平总书记强调："中国共产党立志于中华民族千秋伟业，百年恰是风华正茂！"① 我们党一路走来，从成立之初的 50 余人，到如今已经拥有 9804.1 万多人，506.5 万多个基层党组织，是世界上最大的马克思主义执政党。我们党实现了从弱小到强大，从局部执政到全国执政，从领导中国新民主主义革命到社会主义革命、建设，再到实行改革开放、开创中国特色社会主义道路。对于中国共产党来说，党领导全国人民实现站起来、富起来、强起来的历史飞跃的过程，就是党不断主动适应新的斗争形势要求，提高党的执政能力和领导水平的过程。新时代，持续推进中国共产党以中国式现代化全面实现中华民族伟大复兴的使命任务，必须有效应对党长期执政能力的考验。

一方面，确保党始终具备强大执政能力和领导水平，是一项事关中国特色社会主义事业发展战略全局和根本的系统工程，需要系统谋划、

---

① 《习近平谈治国理政》第 3 卷，外文出版社 2020 年版，第 67 页。

整体推进，要求中国共产党始终保持马克思主义政党的先进性和纯洁性。党的十八大以来，党中央围绕提高党的政治能力和先进性建设，在全党范围内先后开展了党的群众路线教育实践、“不忘初心、牢记使命”主题教育、党史学习教育、学习贯彻习近平新时代中国特色社会主义思想主题教育等一系列活动，党的十九届四中全会围绕提高党的科学执政能力、民主执政能力、依法执政能力作出了一系列制度安排，根本目的就在于推动实现党的执政能力和领导水平发展建立常态化机制，为党主动适应形势变化、始终具备先进的政治能力和斗争本领提供制度支撑。习近平总书记指出：“保持、发展先进性和纯洁性始终是马克思主义政党根本的思想政治任务，关系党的生死存亡和前途命运”，“只有这样，才能保证我们党永不变质，始终具有强大的创造力、凝聚力、战斗力”①。堡垒最容易从内部被攻破，始终具备强大执政能力和领导水平是我们党新时代所面临的大党独有难题的重要内容，而党的先进性和纯洁性建设则是党的执政能力建设的核心内容，如何保持党的先进性和纯洁性，事关党的建设的根本，是确保党不变质、不变色、不变味必须妥善解决的关键问题。

另一方面，确保党始终具备强大的执政能力和领导水平，党员干部政治能力建设是最终落脚点，要求全体党员干部必须始终具备科学的政治判断力、政治领悟力和政治执行力。党的百余年奋斗历史经验充分证明了，党和国家事业发展每前进一步，党员干部政治能力就要跟进一步。早在延安时期，面对民主革命斗争的新情况新问题对党的建设发展带来的考验，毛泽东深刻指出：“我们队伍里边有一种恐慌，不是经济恐慌，也不是政治恐慌，而是本领恐慌。”② 全党要边学边干，在战争中学

---

① 习近平：《坚持不懈推进党的先进性和纯洁性建设——在全国创先争优理论研讨会上的讲话》，《党建研究》2012 年第 6 期。

② 《毛泽东文集》第 2 卷，人民出版社 1993 年版，第 178 页。

习战争，在实践中增长才干，以此来不断巩固和提高党员干部政治能力，从而提高党在新民主主义革命中的领导地位和领导水平。新时代以来，习近平总书记反复强调："各级领导干部特别是高级干部必须立足中华民族伟大复兴战略全局和世界百年未有之大变局，心怀'国之大者'，不断提高政治判断力、政治领悟力、政治执行力，不断提高把握新发展阶段、贯彻新发展理念、构建新发展格局的政治能力、战略眼光、专业水平，敢于担当、善于作为，把党中央决策部署贯彻落实好。"[①] 妥善解决好新时代大党独有难题，确保党始终具备强大执政能力和领导水平，广大党员干部必须切切实实把自己摆进去，把职责摆进去，学深悟透习近平新时代中国特色社会主义思想，学会运用习近平新时代中国特色社会主义思想世界观方法论观察、分析和解决党的建设过程中遇到的各种问题、风险和挑战，用好"看家本领"，真正成为让党放心、人民信赖的行家里手。

第三节　加强党的长期执政能力建设

破解"始终具备强大的执政能力和领导水平"的大党独有难题，是一项事关根本和全局的系统工程，需要系统谋划、整体推进。其中，最为根本的，是要加强党的长期执政能力建设，使党始终具备强大的执政能力。2004 年，党的十六届四中全会通过了《中共中央关于加强党的执政能力建设的决定》，将执政能力建设提升至"关系中国社会主义事业兴衰成败、关系中华民族前途命运、关系党的生死存亡和国家长治久安"的战略高度。党的十九大报告首次提出"长期执政能力建设"命题，作

① 《习近平谈治国理政》第 4 卷，外文出版社 2022 年版，第 47 页。

为新时代党的建设总要求的主线，体现了对加强长期执政能力建设的深刻考量。党执政的长期性决定了执政能力和领导水平建设的艰巨性复杂性，执政时间越长，对能力和水平的要求就越高。世界上一些大党老党丧失政权的教训警示我们，执政时间并非是衡量一个政党能否长期执政的重要标尺，具备强大的执政能力和水平才是关键。当前，加强党的长期执政能力建设，对党的自身能力建设提出了更全面的要求、更严格的标准。只有着力坚定政治自信、强化使命担当、推进自我革命，才能实现长期执政能力建设的目标。

一、坚定党的政治自信

突出强调党的长期执政能力建设，彰显了我们党具有强烈而鲜明的政治自信。这种政治自信，既体现为我们党对过去所取得成就的高度自信，也体现为我们党对未来实现党的执政目标的能力具有充分信心和底气。这种政治自信，源于我们党的理论科学性、目标明确性和制度优越性，源于新中国成立以来特别是改革开放以来我们党所取得的辉煌成就，也源于党的十八大以来党和国家事业所实现的历史性变革和取得的历史性成就。正如习近平总书记指出，“当今世界，要说哪个政党、哪个国家、哪个民族能够自信的话，那中国共产党、中华人民共和国、中华民族是最有理由自信的”[①]。当前，加强长期执政能力建设，需要我们党更加坚定这样的政治自信。只有坚定政治自信，才能保持党的政治定力，打破历史周期率，续写长期执政的“政治奇迹”。否则，没有政治自信，怀疑自己的政治目标、政治理论和政治制度，就会自乱阵脚，影响党的凝聚力和向心力，导致党的执政基础虚化和执政能力弱化。当前，坚定

① 《习近平在庆祝中国共产党成立95周年大会上的讲话》，《人民日报》2016年7月2日。

党的政治自信，最根本的是要坚定马克思主义信仰、坚定共产主义理想信念和坚定中国特色社会主义信心。

坚定马克思主义信仰。理论是行动的先导，政治上的坚定来源于理论上的清醒。执着而又虔诚的马克思主义信仰，始终是共产党人如磐的根、不变的魂。马克思主义指导无产阶级的解放斗争取得重大胜利，指导中国共产党领导中国人民，攻克了一个又一个看似不可攻克的难关，创造了一个又一个彪炳史册的人间奇迹，使中华民族焕发出新的蓬勃生机。习近平总书记指出："马克思主义就是我们党和人民事业不断发展的参天大树之根本，就是我们党和人民不断奋进的万里长河之泉源。背离或放弃马克思主义，我们党就会失去灵魂、迷失方向。"[①] 在长期执政的今天，我们党面临着严峻的考验和挑战，共产党人只有坚定马克思主义信仰，强化我们的精神力量，才能够继续前进，实现人类最美好的理想，占据推动人类社会进步、实现人类美好理想的道义制高点。

坚定共产主义理想信念。理想信念回答了政党因何而来、为何而去的问题。历史和实践证明，一个政党如果没有坚定的理想信念，就如同一盘散沙没有凝聚力，就会失去奋斗目标和前进方向。共产主义一直以来都是共产党人最高的理想信念，这也是共产党人安身立命的根本。中国共产党之所以叫共产党，就是因为从成立之日起我们党就把共产主义确立为远大理想。我们党自成立以来之所以能够经受一次次挫折，而又一次次奋起，归根到底是因为我们党有这份远大理想、坚定信念和崇高追求。当前，加强党的长期执政能力建设，必须坚定共产主义必胜的信念，挺起共产党人的精神脊梁。正如习近平总书记指出："共产主义决不是'土豆烧牛肉'那么简单，不可能唾手可得、一蹴而就，但我们不能因为实现共产主义理想是一个漫长的过程，就认为那是虚无缥缈的海市蜃楼，就不去做一个忠

① 习近平：《深刻认识马克思主义时代意义和现实意义 继续推进马克思主义中国化时代化大众化》，《人民日报》2017 年 9 月 30 日。

诚的共产党员。革命理想高于天。实现共产主义是我们共产党人的最高理想，而这个最高理想是需要一代又一代人接力奋斗的。”①

坚定中国特色社会主义信心。中国特色社会主义是改革开放以来我们党全部理论和实践的鲜明主题，是党和人民历尽千辛万苦、付出巨大代价取得的根本成就。中国特色社会主义是既坚持科学社会主义原则，又具有鲜明的实践特色、理论特色、民族特色、时代特色的社会主义，是植根于中国大地、反映中国人民意愿、适应中国和时代发展进步要求的社会主义。中国特色社会主义道路是实现社会主义现代化、创造人民美好生活的必由之路，中国特色社会主义理论体系是指导党和人民实现中华民族伟大复兴的正确理论，中国特色社会主义制度是当代中国发展进步的根本制度保障，中国特色社会主义文化是激励全党全国各族人民奋勇前进的强大精神力量。坚定党的政治自信，就必须更加自觉地增强道路自信、理论自信、制度自信、文化自信，坚定中国特色社会主义信心，始终坚持和发展中国特色社会主义。

二、强化党的使命担当

突出强调党的长期执政能力建设，也彰显了我们党的使命担当。中国共产党是具有远大抱负和崇高追求的使命型政党，中国共产党一成立，就义无反顾肩负起实现中华民族伟大复兴的历史使命，团结带领人民进行了艰苦卓绝的斗争，谱写了气吞山河的壮丽史诗。但中华民族伟大复兴，绝不是轻轻松松、敲锣打鼓就能实现的。满足人民群众日益增长的美好生活需要，实现建设社会主义现代化强国目标，确保中华民族伟大复兴中国梦一步一步变成活生生的现实，都需要以我们党的长期执政作为根本保障，都迫切要求把我们党的长期执政能力建设提高到一个

① 习近平：《做焦裕禄式的县委书记》，《学习时报》2015 年 9 月 7 日。

新的水平。使命呼唤担当，使命引领未来。当前，加强长期执政能力建设，需要我们党继续强化使命担当，自觉把使命放在心上、把责任扛在肩上，切实以党的坚强领导和顽强奋斗凝聚起同心共筑中国梦的磅礴力量！

强化责任意识。责任重如泰山。责任就是对自己所负有使命的忠诚和信守，就是对自己工作出色的完成，就是忘我的坚守。不惧一切困难挑战，切实把对国家、对民族、对人民的责任扛在肩上，这是一代代共产党人传承赓续的精神品格，也是我们这支队伍特别能战斗的力量所在。无数经验和教训都表明，有强烈的责任意识，再艰难的历程也能高歌前行，再危险的环境也能笑看风云，再尖端的高峰都能攀登超越。反之，没有责任意识，或者责任意识不强，小沟里也能翻船，小事也会酿成大祸。加强党的长期执政能力建设，要求全体共产党员都要增强为党尽责、为党的事业负责的自觉性、紧迫感，切实做到守土有责、守土尽责。作为领导干部更要身先士卒、带头垂范，勤勉履职、扎实尽责，才能带动广大党员干部队伍坚守职责、不辱使命。

增强实干精神。空谈误国，实干兴邦。实干精神是共产党人的实践品质和先进本色，更是我们党的优良传统。党的二十大为我们绘就了全面建设社会主义现代化强国和实现中华民族伟大复兴的宏伟蓝图，只有在“实干”上下功夫才能将其变成现实。正如百姓流传：形势好，政策好，不如实干精神好。形势和党的政策再好，没有实干精神，什么事也办不成。沽名钓誉，搞形式主义，图功图名，终究一事无成。习近平总书记指出：“抓工作，是停留在一般性号召还是身体力行，成效大不一样。讲实话、干实事最能检验和锤炼党性。”[①] 我们一定要拿出实实在在

① 《中共中央政治局召开民主生活会 对照贯彻落实党的十八届六中全会精神 研究加强党内政治生活和党内监督措施 中共中央总书记习近平主持会议并发表重要讲话》，《人民日报》2016 年 12 月 28 日。

的举措，一个时间节点一个时间节点往前推进，以钉钉子精神全面抓好落实党中央的决策部署。蓝图已经绘就，号角已经吹响，全体党员干部要以实干来提升新境界，以实干来展示新气魄，这样才能真正凝聚干事创业的力量，才能将各项工作落到实处，才能将中华民族伟大复兴的伟业推向前进。

培养斗争精神。社会是在矛盾运动中前进的，有矛盾就会有斗争。始终保持斗争精神是中国共产党人在革命、建设、改革中取得一个又一个胜利的重要法宝。实现党的历史使命，需要我们党团结带领人民有效应对重大挑战、抵御重大风险、克服重大阻力、解决重大矛盾，进行具有许多新的历史特点的伟大斗争。这就需要党员领导干部培养斗争精神，努力在斗争的风雨中锻炼自己、发展自己，始终保持共产党人敢于斗争的风骨、气节、操守、胆魄。正如习近平总书记指出："各级领导班子和领导干部要加强斗争历练，增强斗争本领，永葆斗争精神，以'踏平坎坷成大道，斗罢艰险又出发'的顽强意志，应对好每一场重大风险挑战，切实把改革发展稳定各项工作做实做好。"①

提升能力素质。要担当起历史使命，既需要勇气，更需要能力。要想实现远大抱负，必须要有过硬的本领才能有所担当。为此，必须努力增强学习本领、政治本领、创新本领、科学发展本领、依法执政本领、群众工作本领、狠抓落实本领和驾驭风险本领。作为执政骨干的领导干部，更是要按照专业化高素质的标准来着力提高能力素质。正如习近平总书记所说，"领导干部不仅要有担当的宽肩膀，还得有成事的真本领。"② 只有这样，才能真正做到不辱使命。

---

① 《习近平在省部级主要领导干部坚持底线思维着力防范化解重大风险专题研讨班开班式上发表重要讲话强调 提高防控能力着力防范化解重大风险 保持经济持续健康发展社会大局稳定》，《人民日报》2019 年 1 月 22 日。

② 《习近平在中共中央政治局第一次集体学习时强调 切实学懂弄通做实党的十九大精神 努力在新时代开启新征程续写新篇章》，《人民日报》2017 年 10 月 29 日。

三、推进党的自我革命

要实现长期执政，必须破解兴衰治乱的历史性命题。中国共产党如何破解历史周期率？早在延安时期毛泽东的回答是民主监督。中国特色社会主义进入新时代，习近平总书记的回答是自我革命。勇于自我革命，从严管党治党，是我们党最鲜明的品格，也是我们党永葆生机活力的根本保障和动力源泉。只有努力在革故鼎新、守正创新中实现自身跨越，才能不断给党和人民事业注入生机活力，才能真正破解长期执政的世界性难题。只要我们在把握新时代党的历史方位的基础上，不断增强自我革命的高度自觉性，不断勇于直面自身存在的问题，就一定能走出一条成功的长期执政之路。

旗帜鲜明讲政治。讲政治是我们党培养自我革命勇气、增强自我净化能力、提高政治免疫力的根本途径。旗帜鲜明讲政治要求我们要牢固树立政治意识、大局意识、核心意识、看齐意识，坚决维护以习近平同志为核心的党中央的权威和集中统一领导，自觉在思想上政治上行动上同以习近平同志为核心的党中央保持高度一致。要善于从政治上观察、思考和处理问题，增强政治敏锐性和政治鉴别力，在大是大非面前保持政治定力，在驾驭复杂局面中把握正确政治方向，在政治风浪中坚守共产党人的政治灵魂。

增强自律意识。“自知者明，自胜者强。”推进党的自我革命要求党员领导干部增强自律意识。强调自律，就是要求党员领导干部要见贤思齐，见不贤而自省，经常反思自我、完善自我，就像革命老人谢觉哉那样，勇于“跟自己打官司”。每一个领导干部都应慎独慎微，经常对照党章检查自己的言行，加强党性修养，陶冶道德情操，永葆共产党人政治本色。在私底下、无人时、细微处要始终心存敬畏、手握戒尺，增强政治定力、纪律定力、道德定力、抵腐定力，始终不放纵、不越轨、不逾矩。要自觉同特权思想和特权现象作斗争，从自己做起，从身边人管起，从最近身的地方构筑起预防和抵制特权的防护网。要增强自我监督意识，自觉主动接受监督，确保手中掌握的权力不被滥用。

用好批评和自我批评武器。批评和自我批评是我们党强身治病、保持肌体健康的锐利武器。推进党的自我革命，必须坚持不懈把批评和自我批评这个武器用好。我们党素来有批评和自我批评的优良传统，党之所以伟大，不在于从来不犯错误，而在于具有批评和自我批评的自觉，具有自我纠错的能力。正如习近平总书记所指出，“批评和自我批评的武器要多用、常用、用够用好”“做勇于自我革命的战士”[①]。用好批评与自我批评这一武器，要求我们对自己的缺点错误，要敢于正视、主动改正。对别人的缺点错误，要敢于指出、帮助改进。对同志的提醒批评，要闻过则喜、虚心接受。

第四节　充分发挥党总揽全局、协调各方的领导作用

破解“始终具备强大的执政能力和领导水平”的大党独有难题，还要求党能够不断提升领导水平，提高把方向、谋大局、定政策、促改革的能力，增强党的政治领导力、思想引领力、群众组织力、社会号召力，确保充分发挥党总揽全局、协调各方的领导作用。

一、不断推进马克思主义中国化时代化并用以指导实践

方向涉及根本、关系全局、决定长远，对我们党生存发展起着指南

① 《中共中央政治局召开民主生活会 对照贯彻落实党的十八届六中全会精神 研究加强党内政治生活和党内监督措施 中共中央总书记习近平主持会议并发表重要讲话》，《人民日报》2016 年 12 月 28 日。

针作用。党的领导第一位的就是举旗定向。不断提高党把方向的能力，关键在于坚持正确思想指引。习近平总书记指出："一个民族要走在时代前列，就一刻不能没有理论思维，一刻不能没有正确思想指引。"① 中国共产党为什么能，中国特色社会主义为什么好，归根到底是因为马克思主义行。马克思主义之所以行，就在于党不断推进马克思主义中国化时代化并用以指导实践。

马克思主义是我们立党立国的根本指导思想，是我们党的灵魂和旗帜。作为马克思主义政党，中国共产党从诞生之日起就把马克思主义确立为指导思想，并根据中国的具体实际和时代条件的发展不断推进党的指导思想与时俱进。以毛泽东同志为主要代表的中国共产党人，把马克思列宁主义的基本原理同中国革命的具体实践结合起来，创立了毛泽东思想，为夺取新民主主义革命胜利指明了正确方向。新中国成立后，毛泽东思想得到进一步丰富和发展，并指导社会主义革命和建设取得伟大成就。毛泽东思想是马克思列宁主义在中国的创造性运用和发展，是被实践证明了的关于中国革命和建设的正确的理论原则和经验总结，是马克思主义中国化的第一次历史性飞跃。党的十一届三中全会以后，以邓小平、江泽民、胡锦涛同志为主要代表的中国共产党人，从新的实践和时代特征出发坚持和发展马克思主义，科学回答了建设中国特色社会主义的发展道路、发展阶段、根本任务、发展动力、发展战略、政治保证、祖国统一、外交和国际战略、领导力量和依靠力量等一系列基本问题，形成中国特色社会主义理论体系，指导改革开放和社会主义现代化建设取得伟大成就，实现了马克思主义中国化新的飞跃。

党的十八大以来，以习近平同志为主要代表的中国共产党人，对关系新时代党和国家事业发展的一系列重大理论和实践问题进行了深邃思

---

① 习近平：《更好把握和运用党的百年奋斗历史经验》，《求是》2022 年第 13 期。

考和科学判断，就新时代坚持和发展什么样的中国特色社会主义、怎样坚持和发展中国特色社会主义，建设什么样的社会主义现代化强国、怎样建设社会主义现代化强国，建设什么样的长期执政的马克思主义政党、怎样建设长期执政的马克思主义政党等重大时代课题，创立了习近平新时代中国特色社会主义思想。习近平新时代中国特色社会主义思想是当代中国马克思主义、二十一世纪马克思主义，是中华文化和中国精神的时代精华，实现了马克思主义中国化新的飞跃。以这一思想为指导，我们党解决了许多长期想解决而没有解决的难题，办成了许多过去想办而没有办成的大事，创造了新时代中国特色社会主义的伟大成就。

在新的伟大征程上，我们要准确把握时代大势，勇于站在人类发展前沿，聆听人民心声，回应现实需要，坚持解放思想、实事求是、守正创新，更好把坚持马克思主义和发展马克思主义统一起来，坚持用马克思主义之“矢”去射新时代中国之“的”，继续推进马克思主义基本原理同中国具体实际相结合、同中华优秀传统文化相结合，续写马克思主义中国化时代化新篇章。同时，理论创新每前进一步，理论武装就要跟进一步。我们还要善于用新的理论指导新的实践，让马克思主义在中国大地上展现出更强大、更有说服力的真理力量，创造新的更大奇迹。

二、善于抓住社会主要矛盾和中心任务带动全局工作

坚持和加强党的全面领导，强调“坚持党对一切工作的领导”，意味着要把党的领导落实到党和国家事业各领域各方面各环节。但党领导一切并不等于党要包揽一切，事无巨细，胡子眉毛一把抓，而是要不断提高谋大局能力，学会正确运用辩证思维，既坚持全面系统的观点，又善于抓住关键，以重要领域和关键环节的突破带动全局。习近平总书记明确指出：“我们要有全局观，对各种矛盾做到了然于胸，同时又要紧紧围绕主要矛盾和中心任务，优先解决主要矛盾和矛盾的主要方面，以此带动其他矛盾

的解决”，“抓住社会主要矛盾和中心任务带动全局工作”①。

在领导革命、建设、改革的奋斗历程中，党总是善于抓住社会主要矛盾和中心任务带动全局工作。党从革命斗争的实践中深刻认识到，近代中国社会主要矛盾是帝国主义和中华民族的矛盾、封建主义和人民大众的矛盾，实现中华民族伟大复兴，必须进行反帝反封建斗争。紧紧围绕这一主要矛盾和中心任务，党团结带领人民夺取了新民主主义革命的伟大胜利。新中国成立后特别是我国社会主义基本制度建立后，党的八大明确指出：“国内的主要矛盾，已经是人民对于建立先进的工业国的要求同落后的农业国的现实之间的矛盾，已经是人民对于经济文化迅速发展的需要同当前经济文化不能满足人民需要的状况之间的矛盾。”同时，党明确全国人民的主要任务是集中力量发展社会生产力，实现国家工业化，逐步满足人民日益增长的物质和文化需要。紧紧围绕这一主要矛盾和中心任务，党推进社会主义革命和建设全局工作，并取得伟大成就。党的十一届三中全会以后，我们党科学分析我国社会主义初级阶段主要矛盾，对党的八大的提法作了进一步提炼，明确我国社会的主要矛盾是人民日益增长的物质文化需要同落后的社会生产之间的矛盾，解决这个主要矛盾就是我们的中心任务。改革开放以来，我们党正是根据这一主要矛盾和中心任务制定了正确的路线方针政策，才使我国社会主义现代化建设取得巨大成就。

党的十八大以来，中国特色社会主义进入新时代。党明确新时代我国社会主要矛盾是人民日益增长的美好生活需要和不平衡不充分的发展之间的矛盾，必须坚持以人民为中心的发展思想，发展全过程人民民主，推动人的全面发展、全体人民共同富裕取得更为明显的实质性进展。以

① 《习近平在省部级主要领导干部学习贯彻党的十九届六中全会精神专题研讨班开班式上发表重要讲话强调 继续把党史总结学习教育宣传引向深入 更好把握和运用党的百年奋斗历史经验》，《人民日报》2022年1月12日。

习近平同志为核心的党中央正确把握我国社会主要矛盾的变化，统筹中华民族伟大复兴战略全局和世界百年未有之大变局，统揽伟大斗争、伟大工程、伟大事业、伟大梦想，统筹推进“五位一体”总体布局，协调推进“四个全面”战略布局，领导全党全国人民抓住机遇、攻坚克难，推动党和国家事业取得历史性成就、发生历史性变革。

在新的伟大征程上，面对复杂形势、复杂矛盾、繁重任务，全党要牢牢把握社会主义初级阶段这个基本国情，牢牢立足社会主义初级阶段这个最大实际，牢牢坚持党的基本路线这个党和国家的生命线、人民的幸福线，科学把握我国社会主要矛盾的新变化，紧紧抓住主要矛盾和中心任务带动全局工作，在整体推进中实现重点突破，以重点突破带动经济社会发展水平整体跃升，朝着全面建成社会主义现代化强国的奋斗目标不断前进。

三、始终以科学的战略策略推进党和国家事业发展

坚强的领导，来源于正确的领导；正确的领导，来源于正确的决策。对中国共产党这样一个大党来讲，政策和策略是党的生命。我们是一个大党，领导的是一个大国，进行的是伟大的事业，要善于进行战略思维，善于从战略上看问题、想问题。战略上判断得准确，战略上谋划得科学，战略上赢得主动，党和人民事业就大有希望。同时，正确的战略需要正确的策略来落实。策略是在战略指导下为战略服务的。习近平总书记指出：“战略和策略是辩证统一的关系，要把战略的坚定性和策略的灵活性结合起来。”① 对于我们党来说，要提高定政策能力，就是要善于始终以科学的战略策略推进党和国家事业发展。

① 《习近平在省部级主要领导干部学习贯彻党的十九届六中全会精神专题研讨班开班式上发表重要讲话强调 继续把党史总结学习教育宣传引向深入 更好把握和运用党的百年奋斗历史经验》，《人民日报》2022 年 1 月 12 日。

在领导革命、建设、改革的奋斗历程中，党总是能够在重大历史关头从战略上认识、分析、判断面临的重大历史课题，制定正确的政治战略策略。党在成立之初，制定了最高纲领和最低纲领，指出中国革命必须分两步走，为革命斗争明确了基本方向。抗日战争时期，党制定全面抗战路线和打持久战的战略方针，为抗战胜利指明了方向。新中国成立后，我们党提出过渡时期的总路线，审时度势调整外交战略，提出划分三个世界的战略，不断推进社会主义革命和建设。党的十一届三中全会后，我们党作出把党和国家工作中心转移到经济建设上来、实行改革开放的历史性决策，实现党和国家工作中心战略转移，制定了到二十一世纪中叶分三步走、基本实现社会主义现代化的发展战略。这些战略和部署，既保持一定的连续性稳定性，又根据实际情况及时进行落实策略调整，以更好适应发展了的新形势。历史充分证明，善于制定正确的战略策略，是党战胜无数风险挑战、不断从胜利走向胜利的有力保证。

党的十八大以来，面对国内国际环境的深刻复杂变化，习近平总书记以伟大的历史主动精神、巨大的政治勇气、强烈的责任担当，统筹国内国际两个大局，提出一系列原创性的治国理政新理念新思想新战略，集中体现了我们党在新的历史条件下的战略眼光、战略智慧和战略定力。同时，习近平总书记总是善于根据形势变化提出正确策略，指引全党全国人民取得了脱贫攻坚战、疫情防控阻击战、反腐败斗争等一系列具有新的历史特点的伟大斗争的胜利。实践充分证明，重大历史关头，重大考验面前，党中央的判断力、决策力、行动力具有决定性作用。

在新的伟大征程上，建设社会主义现代化强国、实现中华民族伟大复兴，绝不会一帆风顺，而是在不断翻山越岭、爬坡过坎和栉风沐雨中前进的。前进路上，改革发展稳定任务之重、矛盾风险挑战之多、治国理政考验之大都前所未有。这就要求我们强化战略思维，保持战略定力，把党和人民事业放到历史长河和全球视野中去探究谋划，把谋事和谋势、谋当下和谋长远统一起来，因势而谋、应势而动、顺势而为，从战略上思布局，从策略上解难题，在把握战略主动中推进各项工作。

四、始终以党的伟大自我革命推进伟大社会革命

中国共产党是中国人民的主心骨。党领导人民始终持续不断地把伟大社会革命推向前进，没有党的领导就不可能取得革命、建设、改革等伟大社会革命的成功。党的领导和党领导的伟大社会革命是内在统一的，这种内在统一性是巨大的、独特的政治优势。而党的自我革命是伟大社会革命的先导和内核，如果不能破除利益固化的藩篱，不能遏制既得利益的羁绊，就不可能有继续推进伟大社会革命的动力。党要提高促改革能力，必须善于以党的自我革命推进党领导的包括全面深化改革在内的伟大社会革命。对此，习近平总书记多次强调，党要“敢于直面自身存在的问题，勇于自我革命，始终保持先进性和纯洁性，不断增强创造力、凝聚力、战斗力，永葆马克思主义政党本色”[①]。

在领导革命、建设、改革的奋斗历程中，党总是善于以伟大自我革命推进党领导的伟大社会革命。从八七会议、古田会议到遵义会议，从延安整风运动到党的十一届三中全会，再到党的十八大召开，我们党始终顺应历史潮流，与时俱进、砥砺前行，在生死斗争和艰苦奋斗中不断发展壮大，团结带领人民创造了新民主主义革命的伟大成就、社会主义革命和建设的伟大成就、改革开放和社会主义现代化建设的伟大成就。伟大社会革命锻造和成就伟大的党，伟大自我革命保障和推动伟大的事

① 习近平：《更好把握和运用党的百年奋斗历史经验》，《求是》2022 年第 13 期。

业，这是党不断从胜利走向新的胜利的宝贵经验，也是党坚定历史自信、把握历史主动的重要遵循。

党的十八大以来，中国特色社会主义进入了新时代，新时代中国特色社会主义是伟大社会革命的成果和继续。新时代中国特色社会主义这场伟大社会革命的核心内容，是全面深化改革。全面深化改革啃硬骨头多、打攻坚战多、动利益奶酪多，因此首先要求党敢于刀刃向内、敢于自我革命。以习近平同志为核心的党中央，正是以勇于自我革命的气魄、坚忍不拔的毅力推进改革，敢于向积存多年的顽瘴痼疾开刀，敢于触及深层次利益关系和矛盾，坚决冲破思想观念束缚，坚决破除利益固化藩篱，坚决清除妨碍社会生产力发展的体制机制障碍，推动全面深化改革实现了新突破，取得了新时代中国特色社会主义这场伟大社会革命的巨大成功。

在新的伟大征程上，面对未来全面深化改革的艰巨任务，我们必须继续弘扬将革命进行到底的精神，始终具有保持正视问题的自觉和刀刃向内的勇气，把自己摆进去想改革、议改革、抓改革，争当击楫中流的改革先锋，自觉服从改革大局、服务改革大局，不断革除阻碍发展的各方面体制机制弊端，以新时代党的自我革命引领新的伟大社会革命，共同把全面深化改革这篇大文章做好。

新时代新征程，如何始终确保党具备强大的执政能力和领导水平，是我们党必须面对的大党独有难题。习近平总书记之所以提出这个问题，就是要提醒全党，我们党作为世界上最大的马克思主义执政党，肩负着以中国式现代化实现中华民族伟大复兴的历史使命和中心任务，面对世界百年未有之大变局和中华民族伟大复兴的战略全局，执政能力不足、政治本领不够、领导水平不强，就无法带领人民实现新时代中国特色社会主义事业发展建设目标，这是关系到党在复杂的政治斗争环境中始终保持先进性和纯洁性，有效加强和改进党的领导的关键问题，决定了我们党和人民事业发展的运行状态和整体成效。面对新的历史挑战，习近平总书记告诫全党："世界上最可怕的敌人从来是自己。我们党取得了举世瞩目的成就，现在更需要'愈大愈惧，愈强愈恐'的态度"[①]。我们要清醒地认识到，党的执政能力建设和领导水平的提高不是一蹴而就的，仍然面临许多顽固性、多发性问题，党所面临的"四大考验""四种危险"将长期存在，党员干部中仍然存在能力不足、本领恐慌的问题。全党要不断提高科学执政、民主执政、依法执政本领，加强学习实践，切实提高自身政治判断力、政治领悟力和政治执行力，不断以伟大自我革命全面推进伟大社会革命，切实提高党的执政能力和领导水平，走好新的赶考之路。

① 《习近平关于全面从严治党论述摘编》，中央文献出版社 2016 年版，第 8 页。

第五章

如何始终保持干事创业精神状态

2022年10月，党的二十大提出："我们党作为世界上最大的马克思主义执政党，要始终赢得人民拥护、巩固长期执政地位，必须时刻保持解决大党独有难题的清醒和坚定。"[①] 在随后召开的二十届中央纪委二次全会上，习近平总书记将"如何始终保持干事创业精神状态"作为解决大党独有难题"六个如何始终"的重要方面，强调"解决这些难题，是实现新时代新征程党的使命任务必须迈过的一道坎，是全面从严治党适应新形势新要求必须啃下的硬骨头"[②]。精神状态作为一种意识层面的东西，是人的心理和行为的外化，能够对人的实践活动产生能动作用。精神状态反映的是党员干部的理想信念、担当精神、工作作风，关系党的执政形象和全党的凝聚力、战斗力和感召力，决定党和国家事业的兴衰成败。新时代新征程上，全党只有始终保持干事创业精神状态，踔厉奋发、勇毅前行，才能团结带领全国各族人民为推进强国建设、民族复兴而团结奋斗。

第一节　始终保持干事创业精神状态的重要意义

干事创业精神状态，就是指在干强国建设大事、创民族复兴伟业的历史进程中，始终保持昂扬向上、只争朝夕、永不懈怠、奋发有为的精

① 习近平：《高举中国特色社会主义伟大旗帜 为全面建设社会主义现代化国家而团结奋斗——在中国共产党第二十次全国代表大会上的报告》，人民出版社2022年版，第63页。

② 《习近平在二十届中央纪委二次全会上发表重要讲话强调 一刻不停推进全面从严治党 保障党的二十大决策部署贯彻落实》，《人民日报》2023年1月10日。

神面貌和精气神，克服艰难险阻，战胜风险挑战，为实现第二个百年奋斗目标提供强大的精神动力。新时代新征程，“中国共产党的中心任务就是团结带领全国各族人民全面建成社会主义现代化强国、实现第二个百年奋斗目标，以中国式现代化全面推进中华民族伟大复兴。”[①] 始终保持干事创业精神状态具有重要意义，是传承弘扬红色基因的理念自觉、破解大党独有难题的关键所在、有效应对风险挑战的内在保证。

一、始终保持干事创业精神状态是传承弘扬红色基因的理念自觉

人无精神则不立，国无精神则不强。红色基因是中国共产党人的精神内核，是中华民族的精神纽带。传承和弘扬党在百年奋斗中形成的红色基因，重要的就是要发扬我们党在长期实践中形成的光荣传统和优良作风。中国共产党在奋斗中形成的不怕牺牲、敢于斗争、积极进取的精神状态，是战胜一切风险挑战、取得一切伟大成就的精神支撑，体现出我们党传承红色基因、赓续红色血脉的理念自觉。习近平总书记强调：“要教育引导全党大力发扬红色传统、传承红色基因，赓续共产党人精神血脉，始终保持革命者的大无畏奋斗精神，鼓起迈进新征程、奋进新时代的精气神。”[②]

中国共产党诞生于国家内忧外患、民族危难之时，面对满目疮痍、任人欺凌的旧中国，毅然肩负起争取民族独立和人民解放的历史重任，挺起脊梁、奋起抗争，以不同于以往一切政党和革命团体的百折不挠的精神，领导人民开展反帝反封建的斗争，最终取得新民主主义革命胜利的伟大成就。革命胜利前夕，毛泽东向全党发出“两个务必”的告

① 习近平：《高举中国特色社会主义伟大旗帜　为全面建设社会主义现代化国家而团结奋斗——在中国共产党第二十次全国代表大会上的报告》，人民出版社 2022 年版，第 21 页。

② 习近平：《在党史学习教育动员大会上的讲话》，《求是》2021 年第 7 期。

诫，警惕革命胜利后“党内的骄傲情绪，以功臣自居的情绪，停顿起来不求进步的情绪，贪图享乐不愿再过艰苦生活的情绪，可能生长”[①]。他认为这些消极情绪的滋长，势必会影响党员干部的精神状态和奋斗面貌，从而无法经受住来自“资产阶级的捧场”和“糖衣裹着的炮弹的攻击”。

新中国成立后，毛泽东继续向全党提出殷切希望：“我们要保持过去革命战争时期的那么一股劲，那么一股革命热情，那么一种拼命精神，把革命工作做到底。”[②]这股“劲”、这股“革命热情”以及这种“拼命精神”，实际上就是共产党人干事创业精神状态的直观反映，是党取得各项工作胜利的重要保证。正是在这种精神状态的作用下，中国共产党建立了新中国，确立了社会主义制度，团结带领全国各族人民以昂首挺胸、只争朝夕的精神状态和精气面貌开展轰轰烈烈的社会主义建设，奠定了我国社会主义现代化的基础。

党的十一届三中全会之后，全党全国各族人民以一种加快追赶、奋勇争先的精神状态推动改革开放的开展，推动党和国家事业进入改革开放和社会主义现代化建设新时期。之后，面对东欧剧变、苏联解体以及我国改革开放进程中的一些挑战和困难，邓小平在南方谈话中强调：“没有一点闯的精神，没有一点‘冒’的精神，没有一股气呀、劲呀，就走不出一条好路，走不出一条新路，就干不出新的事业。”[③]邓小平南方谈话之后，我国改革开放得以深入开展，中国特色社会主义事业蓬勃发展，党和国家事业取得前所未有的成就。

党的十八大以来，面对“两个大局”交汇，中国共产党肩负的使命任务艰巨、面临的风险挑战繁重，长期执政条件下一些党员干部可能会

---

① 《毛泽东选集》第 4 卷，人民出版社 1991 年版，第 1438 页。
② 《毛泽东文集》第 7 卷，人民出版社 1999 年版，第 285 页。
③ 《邓小平文选》第 3 卷，人民出版社 1993 年版，第 372 页。

出现精神懈怠等情况。以习近平同志为核心的党中央十分注重提振全党的精神状态，强调以奋发有为的精神状态应对艰巨任务和风险挑战，号召全党要保持锐意创新的勇气、敢为人先的锐气、蓬勃向上的朝气，推动党和国家事业取得历史性成就、发生历史性变革，全面建成小康社会，开启了全面建设社会主义现代化国家新征程。实践证明，“只有具有伟大精神的政党才能领导人民赢得伟大斗争、开创伟大事业……党的伟大精神和光荣传统是我们的宝贵精神财富，是激励我们奋勇前进的强大精神动力。”①党的二十大召开前夕，习近平总书记在省部级主要领导干部专题研讨班上，再次对全党的精神状态提出新的要求，“明确宣示党在新征程上举什么旗、走什么路、以什么样的精神状态、朝着什么样的目标继续前进，对团结和激励全国各族人民为夺取中国特色社会主义新胜利而奋斗具有十分重大的意义。”②

新时代以来，全党先后开展党的群众路线教育实践活动、“三严三实”专题教育、“两学一做”学习教育、“不忘初心、牢记使命”主题教育、党史学习教育、学习贯彻习近平新时代中国特色社会主义思想等主题教育活动，重温党的光荣传统和优良作风，始终保持传承弘扬红色基因的理念自觉，提振全党干事创业的精气神，从而为强国建设、民族复兴注入精神源泉。

二、始终保持干事创业精神状态是破解大党独有难题的关键所在

党员干部的精神状态直接反映党的作风和形象，始终保持干事创

① 习近平：《用好红色资源 赓续红色血脉 努力创造无愧于历史和人民的新业绩》，《求是》2021 年第 19 期。

② 《习近平在省部级主要领导干部“学习习近平总书记重要讲话精神，迎接党的二十大”专题研讨班上发表重要讲话强调 高举中国特色社会主义伟大旗帜 奋力谱写全面建设社会主义现代化国家崭新篇章》，《人民日报》2022 年 7 月 28 日。

业精神状态是破解大党独有难题的关键所在。一方面，党内政治风气不好，政治生态严重破坏，必然会导致全党精神面貌萎靡不振，干事创业精神状态不足；另一方面，党员干部作为推进全面从严治党和党的自我革命的实践主体，其精神状态的好坏对解决大党独有难题发挥着关键性的作用。精神状态好，遇到困难不气馁，取得成绩不自满，干事创业有激情，就能始终保持蓬勃朝气、昂扬锐气和浩然正气，就能积极营造风清气正的政治生态和政治环境，有效推动大党独有难题的破解。

相比于其他小党，大党独有难题有其自身的特殊性和复杂性，意味着需要以更长的时间、更大的力量、更加积极主动的精神状态才能加以解决。无论是封建王朝的“改朝换代”，抑或是近代政党政治下的政权更迭，还是作为无产阶级政党的苏共，都难以摆脱长期执政带来的党的建设难题。中国共产党拥有 9800 多万名党员、500 多万个基层党组织、执政时间超过 70 年，执政时间越长，取得的成绩越多，保持初心、艰苦创业越不容易，承平日久状态下要始终保持党的先进性和纯洁性，确保党始终走在时代前列、勇于自我革命、永葆蓬勃生机，保持良好的精神状态和精气神至关重要。

新时代新征程，面对风高浪急的国际环境和艰巨繁重的国内改革发展稳定任务，全面建设社会主义现代化国家对保持党的先进性和纯洁性提出更高的要求。当前，“党内存在的思想不纯、组织不纯、作风不纯等突出问题尚未得到根本解决，一些已经解决的问题有可能死灰复燃，一些新的问题还在不断出现。比如，一些地方和部门贯彻落实党中央决策部署不到位，要么简单化、‘一刀切’，照抄照搬、上下一般粗，要么做选择、搞变通、打折扣，不顾大局、搞部门和地方保护主义；享乐主义、奢靡之风不时抬头，隐形变异行为潜滋暗长，铲除形式主义、官僚主义顽疾还任重道远；一些党组织政治功能、组织功能不强，党建引领基层治理作用发挥还不充分；反腐败斗争形势依然严峻复杂，遏制增量、清除存量的任务依然艰巨，等等。”[①]可见，这些影响党的先进性和纯洁性的问题仍没有得到彻底解决，全党必须要始终保持干事创业精神状态，大力克服影响党的自身发展的各种难题。党的二十大提出“时刻保持解决大党独有难题的清醒和坚定”这一重大命题，其中，“清醒和坚定”就是全党精神状态的鲜明表现，只有头脑清醒、意志坚定，精神状态才会热情饱满，精神面貌才会焕然一新。全党要始终保持“创业不易，守业更难”的清醒，以干事创业的精神状态推动解决大党独有难题，巩固党的长期执政地位。

三、始终保持干事创业精神状态是有效应对风险挑战的内在保证

精神状态决定干事创业的态度和行为，精神状态的好坏，关乎全党形象以及党和国家事业兴衰成败。精神状态本质上是事业心、责任心、进取心和工作作风的集中体现，良好的精神状态是做好一切工作的基本前提。始终保持干事创业精神状态，是深刻把握“两个大局”、有效应对一切风险挑战的内在保证，能够为党和国家各项事业发展提供精神支撑。习近平总书记强调：“前进道路不可能是一片坦途，我们必然要面对各种重大挑战、重大风险、重大阻力、重大矛盾，决不能丢掉革命加拼命的精神，决不能丢掉谦虚谨慎、戒骄戒躁、艰苦奋斗、勤俭节约的传统，决不能丢掉不畏强敌、不惧风险、敢于斗争、敢于胜利的勇气。”[②]当前，世界正处于百年未有之大变局，世界之变、时代之变、历史之变正以前所未有的方式展开，逆全球化思潮不断涌现，单边主义、民粹主

---

① 习近平：《在学习贯彻习近平新时代中国特色社会主义思想主题教育工作会议上的讲话》，《求是》2023 年第 9 期。

② 习近平：《用好红色资源　赓续红色血脉　努力创造无愧于历史和人民的新业绩》，《求是》2021 年第 19 期。

义、保护主义盛行，地区热点问题和冲突不断，能源合作、气候变化与环境污染治理、重大传染病防治等问题丛生，我国发展面临一系列严峻的外部挑战。同时，我国正处于实现中华民族伟大复兴战略全局的阶段，社会主要矛盾的深刻转变、经济高质量发展的内在要求、全面深化改革的纵深发展、全面从严治党的深入推进，都对我们党干事创业提出新的要求。能否有效应对变局和全局带来的各种风险挑战和任务要求，始终保持历史定力和战略定力，关键在于我们是否有识变之智、应变之方、求变之勇。识变应变求变既取决于智慧和谋略，也取决于胆识和魄力，要求我们必须始终保持昂扬向上、奋勇争先、敢于斗争的精神状态，从而在应对各种风险挑战中始终掌握历史主动。

任务越艰巨、形势越复杂、时间越紧迫，就越需要我们保持一股干事创业的激情，保持一种奋发有为的精神状态。正如习近平总书记所说：“越是伟大的事业，越是充满挑战，越需要知重负重。全党同志都要保持‘越是艰险越向前’的英雄气概，保持‘敢教日月换新天’的昂扬斗志，埋头苦干、攻坚克难，努力创造无愧于党、无愧于人民、无愧于时代的业绩。”①党的二十大提出“以中国式现代化全面推进中华民族伟大复兴”的奋斗目标，标志着我国进入实现强国建设、民族复兴的关键阶段，这是新时代新征程全党全国各族人民需要共同努力和奋斗的方向。中国式现代化不同于以往一切西方现代化的发展模式，既具有各国现代化的共同特征，更有基于本国国情的中国特色。中国式现代化以人本逻辑取代资本逻辑，超越了西方现代化的发展老路，丰富了世界其他国家走向现代化的途径，为人类现代化发展贡献出中国智慧和中国方案。中国式现代化的开创性，决定了完成这一任务的问题之多、难度之大、任务之艰巨、矛盾之复杂都前所未有、世所罕见，对全党精神状态和精神

① 习近平：《在“七一勋章”颁授仪式上的讲话》，《人民日报》2021年6月30日。

面貌提出更高的要求。习近平总书记强调："中国式现代化是前无古人的开创性事业，需要我们探索创新。这对各级党组织和领导干部的素质能力提出了新的更高要求，对我们的精神状态、作风形象提出了新的更高要求。"[①] 为此，要立足新时代新征程我国发展实践，以积极进取、奋勇争先的干事创业精神状态，为全面建设社会主义现代化国家、实现中华民族伟大复兴中国梦的宏伟目标而努力奋斗。

第二节　始终保持干事创业精神状态需要解决的现实问题

始终保持干事创业精神状态是中国共产党长期以来形成的优良传统，也是确保全党始终处于不败之地、从胜利走向胜利的关键。干事动力不足、干事本领恐慌、担当精神欠缺、斗争精神不强，是新时代全党始终保持干事创业精神状态需要解决的现实问题，需要引起全党高度重视并积极加以解决。

一、干事动力不足：长期执政条件下难以始终做到居安思危、励精图治

承平日久，怠惰乃生。在长期执政的条件下，始终保持居安思危、励精图治的忧患意识，始终保持强大持久的干事动力，是一项极其困难的事情。纵观中外各个统治团体或政党，无一不是在取得统治地位之初励精图治、勤勉治国，以积极向上、奋发有为的精神状态维护统治地位。但随着统治时间的增长，便难以保持持久的干事创业精神状态，往往安

---

① 《中共中央政治局召开民主生活会强调 坚持团结奋斗 贯彻落实好党的二十大重大决策部署 中共中央总书记习近平主持会议并发表重要讲话》，《人民日报》2022 年 12 月 28 日。

于现状、不思进取，最后丧失统治地位。可见，“功成名就时做到居安思危、保持创业初期那种励精图治的精神状态不容易，执掌政权后做到节俭内敛、敬终如始不容易，承平时期严以治吏、防腐戒奢不容易，重大变革关头顺乎潮流、顺应民心不容易。”[①]中国共产党是一个大党，从创建至今已有一百多年的历史，执政时间超过70年，如何始终保持建党之初的那股拼劲和干劲，如何始终保持居安思危、励精图治的忧患意识，成为决定我们党能否实现长期执政的关键因素。

生于忧患、死于安乐是任何一个统治阶级都要面临的重大考验。“一个政党最难的就是历经沧桑而初心不改、饱经风霜而本色依旧。”[②]作为伟大、光荣、正确的党，中国共产党在一百多年间相继创造出新民主主义革命的伟大成就、社会主义革命和建设的伟大成就、改革开放和社会主义现代化建设的伟大成就、新时代中国特色社会主义的伟大成就，书写了中华民族几千年历史上最恢宏的史诗。这些伟大成就奠定了中国共产党在中国、中华民族以及世界社会主义发展史上的卓越地位。但在伟大成就面前，一些党员干部容易形成安于现状、不思进取、贪图享受的思想观念，容易产生骄傲自满、因循守旧、故步自封的心态，对工作抱着敷衍了事、被动应付的态度，“假把式”“走过场”等懒政怠政现象层出不穷。习近平总书记强调：“我们要清醒看到，我们党长期执政，党员干部中容易出现承平日久、精神懈怠的心态。有的觉得现在已经可以好好喘口气、歇歇脚，做做安稳官、太平官了；有的觉得‘船到码头车到站’，不思进取、庸政懒政混日子；有的为个人打算多了，患得患失、不敢担当却贪图名利、享受；有的习惯当‘传声筒’、‘中转站’，遇到困难绕着走、碰到难题往上交，缺乏攻坚克难的锐气和斗志。”[③]长期下

① 习近平：《推进党的建设新的伟大工程要一以贯之》，《求是》2019年第19期。
② 习近平：《以史为鉴、开创未来 埋头苦干、勇毅前行》，《求是》2022年第1期。
③ 习近平：《在党史学习教育动员大会上的讲话》，《求是》2021年第7期。

去，这种精神状态将会严重影响全党和全社会干事创业风气的形成，极大阻碍党和国家事业的发展，进而危害党的长期执政地位以及强国建设、民族复兴的前景。习近平总书记强调：“我们要居安思危，时刻警惕我们这个百年大党会不会变得老态龙钟、疾病缠身。对党的历史上走过的弯路、经历的曲折不能健忘失忆，对中外政治史上那些安于现状、死于安乐的深刻教训不能健忘失忆；对自身存在的问题不能反应迟钝，处理动作慢腾腾、软绵绵，最终人亡政息！”①

在长期执政条件下，如何始终保持居安思危、励精图治的忧患意识，是我们党始终保持马克思主义政党的鲜明本色、始终得到人民衷心拥护和实现长期执政的关键。因此，全党必须始终保持一种夙夜在公、昼夜兼程的敬业精神，迎难而上、攻坚克难的昂扬斗志，食不甘味、寝不安席的责任担当，克服精神萎靡、思想懒惰和意志消沉，始终保持蓬勃向上的朝气、革故鼎新的勇气和开拓进取的锐气，不断激发干事创业的激情和动力，推动党和国家各项事业的长远发展。

二、干事本领恐慌：面对艰巨任务时难以始终做到锐意进取、从容不迫

本领恐慌是由于能力不足而产生的危机意识，是影响全党干事创业精神状态的重要因素。所谓“本领恐慌”，是指由于受自身视野、能力、知识、经验等因素的影响，面对新的环境条件、新的形势任务、新的工作内容，因缺乏必要的技能、策略、方案而产生的担忧、惶恐及不安的心理状态。由于能力不足、本领恐慌，在面对艰巨任务时难以始终保持锐意进取、从容不迫的精神状态，影响党的国家事业的发展。

开拓创新、锐意进取，既是党员干部应有的政治品质，也是干事创业必备的精神状态。中国共产党是一个重视学习、善于学习的政党，通

① 习近平：《以史为鉴、开创未来 埋头苦干、勇毅前行》，《求是》2022年第1期。

过学习和运用马克思主义科学真理并不断使其中国化时代化，学习科学文化知识和革命、建设、改革本领，不断深化对共产党执政规律、社会主义建设规律、人类社会发展规律的认识，成为党面对一切艰难险阻和风险挑战时始终保持干事创业精神状态的底气所在，从而使党始终坚定历史自信、掌握历史主动。早在 1939 年毛泽东就讲过：“我们队伍里边有一种恐慌，不是经济恐慌，也不是政治恐慌，而是本领恐慌。”① 邓小平也曾强调：“实现四个现代化是一场深刻的伟大的革命。在这场伟大的革命中，我们是在不断地解决新的矛盾中前进的。因此，全党同志一定要善于学习，善于重新学习。”② 因此，全党勇于变革、勇于创新、永不僵化、永不停滞，是保证党始终走在时代前列、经得起各种风浪考验的重要因素。

面对世界之变、时代之变、历史之变、中国之变，一些党员干部产生本领恐慌以及由此带来的危机感越发凸显。随着改革开放的深入发展，全球信息革命和数字革命深入演进，各种新知识新技术日新月异、新情况新问题层出不穷，这些新理念、新业态、新模式对全党干事创业本领提出更高要求，广大党员干部必须不断增强学习能力和认知水平，提高防范化解风险能力，以适应新形势下快速发展变化的要求。然而在现实中，一些党员干部习惯于继续沿用老黄历、老办法，无视具体实际和客观情况，把所有“惯例”都当玉律，奉所有“经验”都为圭臬，习惯说官话、老话、套话，缺乏学习的主观能动性，不愿学、不勤学、不真学、不深学、不善学现象突出，老办法不管用、新办法不会用，缺乏应势而谋、因势而动、顺势而为的勇气和能力。习近平总书记曾一语中的指出：“当前，干部队伍能力不足、‘本领恐慌’问题是比较突出的。比如，在纷繁复杂的形势变化面前，耳不聪、目不明，看不清发展趋势，察不出

① 《毛泽东文集》第 2 卷，人民出版社 1993 年版，第 178 页。

② 《邓小平文选》第 2 卷，人民出版社 1994 年版，第 152、153 页。

蕴藏其中的机遇和挑战；贯彻新发展理念、推进供给侧结构性改革，找不到有效管用的好思路好办法；面对信息化不断发展，不懂网络规律、走不好网上群众路线、管不好网络阵地，被网络舆论牵着鼻子走，等等。”[①] 面对新形势下的任务和要求，如果不能有效适应这一新变化，在面对艰巨任务时必然会产生干事创业的本领恐慌和畏难情绪，出现不愿做、不会做、做不好的情况，影响党和国家事业的发展前景。

大道至简，实干为要。党的二十大描绘出全面建设社会主义现代化强国的宏伟蓝图，要实现这一目标，全党迫切需要一大批想干事、能干事、敢干事、真干事、干成事的“干将”“闯将”，以身许党、夙夜在公，以“等不得”的紧迫感、“慢不得”的危机感、“松不得”的责任感为党和人民履好职、尽好责。历史只会眷顾坚定者、奋进者、拼搏者，而不会等待犹豫者、懈怠者、畏难者。“实现新时代新征程的目标任务，对党领导社会主义现代化建设能力提出了新的更高要求，对各级领导干部的精神状态、能力素质、作风形象提出了新的更高要求。”[②] 因此，如何有效克服全党存在的本领不足、本领恐慌、本领落后问题，加快知识更新，优化知识结构，拓宽眼界和视野，全面增强应对各项任务要求和风险挑战的能力与本领，努力成为本职工作的行家里手，避免陷入少知而迷、不知而盲、无知而乱的困境，成为新时代始终保持干事创业精神状态的重要内容。

三、担当精神欠缺：奋斗征程上难以始终做到勇于担当、甘于奉献

精神状态决定事业成败，进行伟大事业需要具备伟大精神。在实

① 习近平：《努力造就一支忠诚干净担当的高素质干部队伍》，《求是》2019 年第 2 期。

② 习近平：《为实现党的二十大确定的目标任务而团结奋斗》，《求是》2023 年第 1 期。

现中华民族伟大复兴的征途上，事不避难、勇于担当、甘于奉献的精神，是我们党不断从胜利走向新的胜利的重要法宝。中国共产党自诞生之日起，就将为人民服务写到自己的旗帜上，将实现民族独立和人民解放作为奋斗目标，秉持吃苦在前、享乐在后的价值理念，始终做到冲锋在前、担当在前、奉献在前，以小我成就大我、舍小家为大家，在牺牲和奉献中铸就中国共产党的伟大成绩。正是由于这种无私的奉献和担当精神，才诞生出“革命理想高于天”“鞠躬尽瘁、死而后已”的价值情怀，才使中国共产党人具有临危不惧的英雄气概、舍生忘死的高尚品格、前赴后继的博大胸怀，在关键时刻挺身而出、危急关头冲锋在前。

始终做到勇于担当、甘于奉献，是党的事业取得成功的主要条件。担当精神的欠缺，在很大程度上是由于没有树立正确的政绩观，缺乏实事求是、求真务实的工作作风。一些党员干部出于快速晋升的目的，急功近利、脱离实际，干面子工程、做表面文章，只做显功、不做潜功，脑子不装事、心中不想事、手里不干事，不愿担当、不敢担当、不善担当的问题比较突出。“有的为了不出事宁愿不干事，得过且过；有的碰到矛盾和难题绕道走，把自身责任往外推，不敢动真碰硬；有的光说不练，表态快、调门高，行动慢、落实差；有的德不配位、能力平庸，挑不起重担，打不开工作局面；有的瞻前顾后、畏首畏尾，在重大风险挑战面前底气不足、惊慌失措，等等。”① 这些现象是全党始终保持干事创业精神状态的阻碍因素，如果任其发展下去，势必会损害党的形象、贻误党的事业。

全面建成社会主义现代化强国、实现中华民族伟大复兴，是一项长期性、艰巨性的任务，要在这一伟大征程中创造更加辉煌的业绩，必

① 习近平:《在学习贯彻习近平新时代中国特色社会主义思想主题教育工作会议上的讲话》,《求是》2023 年第 9 期。

须准备付出更为艰巨、更为艰苦的努力。如何始终保持广大党员干部全心全意为人民服务的根本宗旨，做到不谋私利、克己奉公，对个人的名誉、地位、利益想得透、看得淡，防止出现政绩冲动、盲目蛮干、大干快上、急功近利的心态和行为，做到勤政、务实、为民，保持历史耐心，坚持循序渐进、久久为功，自觉抵制和纠正“四风”问题等，是全党在保持干事创业精神状态中亟待解决和克服的重要难题。因此，始终保持干事创业精神状态，要求全党既要有“功成不必在我”的精神境界，又要有“功成必定有我”的历史担当，树立正确的权力观、政绩观、事业观，增强责任感和使命感，要立志做大事而非做大官，看淡个人进退得失，处理好小我与大我、个人利益与整体利益、短期利益与长远利益的关系，既做当下看得见、摸得着的实事，又做打基础、利长远的好事，心无旁骛、埋头苦干，为夺取新时代中国特色社会主义伟大胜利而奋斗。

四、斗争精神不强：应对风险挑战时难以始终做到敢于斗争、善于斗争

敢于斗争、善于胜利，是中国共产党人的鲜明政治品格，也是我们党的政治优势。我们党在内忧外患中诞生、在历经磨难中成长、在攻坚克难中壮大，锻造出坚韧不拔的革命意志、顽强拼搏的斗争精神、高超强大的斗争本领，塑造出不畏强敌、不惧风险、敢于斗争、敢于胜利的革命风范，成为党战胜一切风险挑战的内在保证。

近代以来，我国遭受西方列强的侵略和压迫，中华民族面临一系列重大的风险挑战。从面临被开除“球籍”的危险到亡国灭种的危险，从战火烧到鸭绿江边的危险到东欧剧变、苏联解体、社会主义处于低谷的危险，中国共产党始终以敢于斗争、善于斗争的精神状态应对各种风险挑战，同国内外一切强敌进行艰苦卓绝的斗争，从而使中华民族一次次转危为安、涅槃重生。当前，世界百年未有之大变局正加速演进，我国

面临波谲云诡的国际形势、复杂敏感的周边环境、艰巨繁重的改革发展稳定任务，形势环境的复杂性和严峻性前所未有，既有国内的也有国际的，既有政治、经济、文化、社会等领域的也有自然界的，既有传统的也有非传统的，“黑天鹅”和“灰犀牛”还会不期而至。习近平总书记强调：“在前进道路上我们面临的风险考验只会越来越复杂，甚至会遇到难以想象的惊涛骇浪。我们面临的各种斗争不是短期的而是长期的，至少要伴随我们实现第二个百年奋斗目标全过程。”①

随着执政时间的增加，精神懈怠带来的斗争精神和斗争意识减弱，一些党员干部不同程度地存在不愿斗争、不会斗争、不敢斗争的问题，既缺乏敢于斗争的勇气，又缺乏善于斗争的智慧，一心只想做爱惜羽毛的“老好人”、推诿扯皮的“圆滑官”、得过且过的“太平官”，缺乏批判意识和担当精神，导致出现明哲保身、敷衍塞责、懒政怠政等消极行为，从而难以形成攻难关、防风险、迎挑战、抗打压的强大合力。当前，“四大考验”和“四种危险”仍然存在，危及党的执政地位、国家政权稳定、人民根本利益的情况仍然存在，影响新时代新征程党和国家事业发展的情况仍然存在，这些都对全党加强斗争提出更高的要求。

面对诸多风险挑战，如何做到发扬斗争精神、掌握斗争策略、练就斗争本领，以迎难而上、攻坚克难的精神状态干事创业，准确识变、科学应变、主动求变，勇于克服各种困难，积极防范化解各种风险挑战，时刻掌握应对风险挑战的战略主动，增强全党的志气、骨气、底气，做到敢于斗争、善于斗争、敢于胜利，做到不信邪、不怕鬼、不怕压，做到安不忘危、存不忘亡、乐不忘忧，成为全党始终保持干事创业精神状态必须解决的现实问题。

① 《习近平在中央党校（国家行政学院）中青年干部培训班开班式上发表重要讲话强调 发扬斗争精神增强斗争本领 为实现“两个一百年”奋斗目标而顽强奋斗》，《人民日报》2019 年 9 月 4 日。

第三节　始终保持干事创业精神状态的实践进路

精神状态决定工作态度和行为作风，良好的精神状态能够形成强烈的事业心和政治责任感。完成新时代新征程党的中心任务，全党必须始终保持永不懈怠的精神状态和一往无前的奋斗姿态，积极探索始终保持干事创业精神状态的有效路径，从而为推进强国建设、民族复兴事业提供强大的精神支撑。

一、牢记初心使命，始终树立坚定的理想信念

理想信念决定精神状态，精神状态的好坏很大程度上取决于理想信念是否坚定。坚定的理想信念能够塑造共产党人的高尚品格和崇高精神，成为保持干事创业精神状态的内在保证，是“事关马克思主义政党、社会主义国家的精神力量和前途命运的根本问题”①。理想信念坚定、精神状态饱满，必然能提升全党干事创业的热情和积极性，就能经得住各种考验，走得稳、走得远。反之，理想信念不足、精神状态萎靡，全党干事创业的热情和积极性必然不高，就经不起任何风吹浪打。习近平总书记强调：“广大党员、干部理想信念坚定、干事创业精气神足，人民群众精神振奋、发愤图强，就可以创造出很多人间奇迹。如果党员、干部理想动摇、宗旨淡化，人民群众精神萎靡、贪图安逸，那往往可以干成的事情也干不成。”②为此，必须牢记党的初心使命，加强理想信念教育，

---

① 习近平：《推进党的建设新的伟大工程要一以贯之》，《求是》2019 年第 19 期。

② 习近平：《辩证唯物主义是中国共产党人的世界观和方法论》，《求是》2019 年第 1 期。

深刻弄懂我们党“干什么事创什么业、为什么要干事创业、怎样干事创业”，从而做到始终保持干事创业精神状态。

回顾党的历史，中国共产党一向重视理想信念教育，并以此提振全党的干事创业精神状态。中国共产党诞生后，就肩负起为中国人民谋幸福、为中华民族谋复兴的初心使命，将马克思主义作为自己的行动指南，以实现共产主义为最高理想和奋斗目标，从而始终保持昂扬向上、开拓进取、顽强拼搏的精神状态，取得一系列举世瞩目的重大成就，中华民族迎来了从站起来、富起来到强起来的伟大飞跃。中国共产党执政时间长、规模庞大、成员结构多元、任务目标艰巨，全党要始终保持坚定的理想信念，牢记共产党人的初心使命，永葆马克思主义政党本色，始终保持创业之初积极有为的干事创业精神状态，是我们党一项长期而艰巨的任务。相较于其他政党，中国共产党对全党成员理想信念的要求更高、更迫切，因为“马克思主义政党不是因利益而结成的政党，而是以共同理想信念而组织起来的政党”①。正是由于这种属性，拥有坚定的理想信念对全党保持干事创业精神状态极为重要，也是中国共产党始终保持旺盛生命力和强大战斗力的精神支撑。“历史和现实都告诫我们：全党理想信念坚定，党就拥有无比强大力量；全党理想信念淡薄，党就会成为乌合之众，风一吹就散。”②

不忘初心，方得始终。“一个忘记来路的民族必定是没有出路的民族，一个忘记初心的政党必定是没有未来的政党。”③全党要继续加强理想信念教育，补足精神之“钙”，探索建立“不忘初心、牢记使命”主题教育常态化长效化机制，引导党员干部树立政治责任感和历史使命感，用科学理论武装头脑、培植精神家园，始终保持更加积极主动的干事创业

① 习近平：《推进党的建设新的伟大工程要一以贯之》，《求是》2019 年第 19 期。
② 习近平：《推进党的建设新的伟大工程要一以贯之》，《求是》2019 年第 19 期。
③《十九大以来重要文献选编》（中），中央文献出版社 2021 年版，第 377 页。

精神状态，踔厉奋发、勇毅前行，为全面建设社会主义现代化国家、实现中华民族伟大复兴而奋斗。

二、勇于自我革命，锤炼干事创业的优良作风

勇于自我革命是中国共产党区别于其他政党的显著标志，也是锤炼干事创业优良作风、保持干事创业精神状态的关键。全党干事创业精神状态受到党的建设状况的影响，党内政治风气和政治生态清正廉洁，广大党员干部求真务实、勇于担当、廉洁自律，全党干事创业精神状态就热情饱满，否则精神状态就会萎靡不振。

当前，中国共产党正领导着14亿人口以中国式现代化全面推进中华民族伟大复兴，要始终保持长期执政地位，始终保持干事创业精神状态，不是一件容易的事情。习近平总书记指出："我们党是世界上最大的政党，大就要有大的样子，同时大也有大的难处。把这么大的一个党管好很不容易，把这么大的一个党建设成为坚强的马克思主义执政党更不容易。"① 一段时期内，党内存在一些对坚持党的领导认识模糊、行动乏力问题，存在不少落实党的领导弱化、虚化、淡化问题，形式主义、官僚主义、享乐主义、奢靡之风屡禁不止，特权思想和特权现象较为严重，腐败滋生的土壤依然存在，一些党员干部热衷于走形式、讲排场、搞小圈子、不作为不担当，"各种弱化党的先进性、损害党的纯洁性的因素无时不有，各种违背初心和使命、动摇党的根基的危险无处不在，党内存在的思想不纯、政治不纯、组织不纯、作风不纯等突出问题尚未得到根本解决"②，这些都对党的形象和全党干事创业精神状态造成严重的负面影响。

---

① 习近平：《推进党的建设新的伟大工程要一以贯之》，《求是》2019年第19期。

② 《十九大以来重要文献选编》（中），中央文献出版社2021年版，第377页。

党的十八大以来，以习近平同志为核心的党中央多次发出“我们党历史这么长、规模这么大、执政这么久，如何跳出治乱兴衰的历史周期率”①这一历史之问、时代之问，“继毛泽东找到跳出‘历史周期率’的‘民主’答案后，习近平总书记在总结党的建设经验的基础上，找到了跳出‘历史周期率’的第二个答案，那就是‘自我革命’。”②通过深入推进党的自我革命，全党坚持党要管党、全面从严治党，坚持和加强党的全面领导，树立“四个意识”、坚定“四个自信”、做到“两个维护”，持续开展党风廉政建设和反腐败斗争，筑牢广大党员干部的思想防线，打出一套自我革命的“组合拳”，不断清除一切损害党的先进性和纯洁性的因素，不断清除一切侵蚀党的健康肌体的病毒，使党的自我净化、自我完善、自我革新、自我提高能力显著增强，使党的长期执政基础更加稳固，确保党永远不变质不变色不变味，从而使全党的政治风气和精神面貌焕然一新，全党的干事创业热情得到极大提升，有力地推动新时代中国特色社会主义事业的发展。

面对强国建设、民族复兴的目标任务，以伟大自我革命引领伟大社会革命要求全党进一步加强党的自身建设，深入推进党的自我革命，把严的基调、严的措施、严的氛围长期坚持下去，确保全党始终保持昂扬向上、积极进取的精神状态，为开创新时代中国特色社会主义事业新局面而奋斗。

三、发扬斗争精神，增强敢于斗争善于斗争的高强本领

敢于斗争、善于斗争是共产党人战胜一切风险挑战、始终赢得历史主动的重要保证。要实现强国建设、民族复兴的奋斗目标，必须正确认

① 习近平：《以史为鉴、开创未来 埋头苦干、勇毅前行》，《求是》2022 年第 1 期。

② 丁俊萍、魏强：《时刻保持解决大党独有难题的清醒和坚定：生成逻辑与实践进路》，《山东社会科学》2022 年第 11 期。

识伟大斗争的重要作用，加强斗争精神和斗争本领养成，科学认识新时代斗争的理论内涵和基本内容，坚持正确的斗争立场、方向和原则，增强敢于善于斗争的本领，以新的历史特点的伟大斗争始终保持全党干事创业精神状态。

发扬斗争精神，要科学认识新时代斗争的理论内涵和基本内容。习近平总书记强调："我们讲的斗争，不是为了斗争而斗争，也不是为了一己私利而斗争，而是为了实现人民对美好生活的向往、实现中华民族伟大复兴知重负重、苦干实干、攻坚克难。衡量党员、干部有没有斗争精神、是不是敢于担当，就要看面对大是大非敢不敢亮剑、面对矛盾敢不敢迎难而上、面对危机敢不敢挺身而出、面对失误敢不敢承担责任、面对歪风邪气敢不敢坚决斗争。"① 发扬斗争精神，不是鼓励任何时候、任何情形、任何领域都要进行斗争，也不是毫无目的和原则进行斗争，而是在应当进行斗争的时候、情形和领域坚决进行斗争。我们强调发扬斗争精神，就是在面对各种不利情形、风险挑战时，在大是大非面前、矛盾困难面前、危机挑战面前、失败错误面前、歪风邪气面前，秉持敢于亮剑、敢于迎难而上、敢于挺身而出、敢于承担责任、敢于坚决斗争的勇气和态度，做到勇于直面风险挑战，知重负重、攻坚克难，以坚忍不拔的意志和无私无畏的胆识战胜前进道路上的一切艰难险阻。

发扬斗争精神，要坚持正确的斗争立场、方向和原则，避免出现两种错误的倾向。一是没有正确的态度、立场、原则，对于什么时候应该斗争、采取什么方式斗争、斗争到什么程度没有科学的认识，碰到一点挫折就畏缩不前，遇到一点困难就打退堂鼓。更有甚者对错误言行完全不抵制、不批评、不斗争，一味讲"宽容"、讲"和气"，对大是大非问题做"开明绅士"，对不良现象听之任之。二是不讲立场、方向、原则，遇到

① 《十九大以来重要文献选编》(中)，中央文献出版社2021年版，第380页。

问题、矛盾、挑战，不分轻重缓急，不抓主次矛盾，不讲方式方法，随意斗争、过度斗争，甚至借用斗争进行政治打压，给全党的团结和党内正确政治风气的形成造成严重危害。习近平总书记强调："共产党人的斗争是有方向、有立场、有原则的，大方向就是坚持中国共产党领导和我国社会主义制度不动摇。"① 社会主义制度是我国的根本制度，中国共产党的领导是中国特色社会主义最本质的特征和中国特色社会主义制度的最大优势。开展一切斗争，都必须要在这个大方向下进行，一切同中国共产党领导相违背、同社会主义制度相违背的言行，都是同国家和人民的根本利益相背离的，必须要坚决加以摒弃和纠正。强调斗争立场，就是要坚持正确的政治立场，永葆共产党人的政治本色，自觉同一切影响党的先进性、弱化党的纯洁性的问题作斗争，同各种特权思想和特权现象作斗争，同一切弱化党的领导、动摇党的执政基础、违反党的政治纪律和政治规矩的行为作斗争。斗争要讲求原则，就是要坚持有理有利有节的原则，做到具体问题具体分析，做到斗争有理、斗争有据、斗争有节，确保斗争不会走向错误方向，避免带来危害全局性和整体性的严重后果。

发扬斗争精神，要不断增强敢于斗争、善于斗争的本领。全党要加强思想淬炼、政治历练、实践锻炼、专业训练，勇于担当作为、善于攻坚克难，知责于心、担责于身、履责于行，不断提高推动高质量发展本领、服务群众本领、防范化解风险本领，提振锐意进取、担当有为的精气神。习近平总书记强调："领导干部要有草摇叶响知鹿过、松风一起知虎来、一叶易色而知天下秋的见微知著能力，对潜在的风险有科学预判，知道风险在哪里，表现形式是什么，发展趋势会怎样，该斗争的就要斗

① 《习近平在中央党校（国家行政学院）中青年干部培训班开班式上发表重要讲话强调 发扬斗争精神增强斗争本领 为实现"两个一百年"奋斗目标而顽强奋斗》，《人民日报》2019 年 9 月 4 日。

争。”①加强思想淬炼，要学习和运用马克思主义的立场观点方法，强化理论教育，夯实思想根基，善于从纷繁复杂的斗争中把握规律，分清优劣、明辨是非，筑牢信仰之基、补足精神之钙、把稳思想之舵，做到在斗争中始终保持头脑清醒。加强政治历练，要坚持以正确的政治立场、方向、原则去激发和培养斗争精神，不断强化政治意识，提高政治站位，增强政治觉悟，始终做到在政治上掌握主动，以党的旗帜为旗帜、以党的意志为意志、以党的使命为使命，在政治历练中提高党员干部的政治判断力、政治领悟力和政治执行力。加强实践锻炼，就是着力解决不敢斗争、不会斗争的问题，让广大党员干部在实践中经历风雨、开阔眼界，通过实践总结斗争经验、锤炼斗争品质，提高防风险、迎挑战、抗打压的能力，提高应对各种风浪考验的斗争能力。加强专业训练，要保持专业学习，提高专业素养，增强斗争的科学性、预见性、主动性，做到学思用贯通、知信行统一，让广大党员干部真正成为干事创业的行家里手、内行领导。

四、完善体制机制，激发干事创业的巨大热情

完善的干部选拔任用管理体制，能够有效激发全党干事创业的热情，促进全党始终保持干事创业精神状态。干事创业精神状态不足，其中一个重要的原因就是没有形成科学有效的体制机制，导致一些部门、单位在干部的选拔、培育、管理、使用方面缺乏合理的制度保障。因此，必须要完善选人用人制度体系，健全和用好新时代干部“选育管用”全链条机制，促进全党永葆“闯”的精神、“创”的劲头、“干”的作风，有效激发全党干事创业的积极性、主动性、创造性。

---

①《习近平在中央党校（国家行政学院）中青年干部培训班开班式上发表重要讲话强调 发扬斗争精神增强斗争本领 为实现“两个一百年”奋斗目标而顽强奋斗》，《人民日报》2019年9月4日。

激发全党干事创业的热情，要完善干部考核评价体系，建立健全干部担当作为的激励机制，积极营造想干事、敢干事、干成事的良好氛围。在现实中，一些党组织没有形成科学合理的干部考核评价体系和担当作为的激励机制，导致党员干部的考核晋升在很大程度上取决于领导的态度，与领导的亲疏远近成为干部选拔的重要标准。在此影响下，一些党员干部在工作中不唯实、只唯上，按照领导的喜好和意愿办事，阿谀奉承、投其所好的现象层出不穷，没有让真正干事和担当作为的干部得到应有的提拔，严重破坏党内正确政治风气和党的组织路线，严重影响全党干事创业精神状态。习近平总书记强调："要建立健全激励机制，推动形成能者上、优者奖、庸者下、劣者汰的正确导向，为改革者负责、为担当者担当，激发党员、干部干事创业的热情和劲头。"① 为此，要完善科学合理的干部考核评价体系，形成有利于人才各展其能的激励机制，坚决反对形式主义、官僚主义，加强对敢担当、善作为干部的激励保护，引导干部树立和践行正确政绩观，树立重实干、重实绩的用人导向，以正确用人导向引领干事创业导向，推动干部能上能下、能进能出，"敢于为担当者担当、为负责者负责、为干事者撑腰，让愿担当、敢担当、善担当蔚然成风，推动广大党员、干部以满腔热忱奋进新征程、建功新时代"②。

激发全党干事创业的热情，要建立健全容错纠错机制，破除束缚党员干部干事创业手脚的各种因素。新时代以来，全面从严治党和党的自我革命深入开展，在惩治贪腐、遏制"四风"以及加强党的领导等方面呈现出积极效果，推动党的建设新的伟大工程取得显著成效，全党的精神面貌和干事创业热情得到极大的提升。但同时，一些地方和部门在开

① 《十九大以来重要文献选编》(中)，中央文献出版社 2021 年版，第 767 页。

② 习近平：《在学习贯彻习近平新时代中国特色社会主义思想主题教育工作会议上的讲话》，《求是》2023 年第 9 期。

展全面从严治党的过程中，容易出现规定过死、要求过高、程序过多、审批过严的现象，导致一些党员干部不敢做事、不能做事，严重束缚了干事创业的手脚，不利于工作局面的打开。习近平总书记指出："全面从严治党的目的是更好促进事业发展。严管不是把干部管死，不是把干部队伍搞成一潭死水、暮气沉沉，而是要激励干部增强干事创业的精气神。"① 以中国式现代化全面推进中华民族伟大复兴是一项前所未有的开创性事业，面临许多未知的风险挑战和艰难险阻，想要敢干事、能干事、干成事，必然要进行一些具有较高风险和难度的探索性实践。干事业总是有风险的，不能期望每一项工作只成功不失败。为此，要建立健全容错纠错机制，坚持"三个区分开来"，把广大党员干部担当作为、干事创业的手脚从各种形式主义、官僚主义的束缚中解脱出来，在保证不逾越党纪红线、不触碰法律底线的前提下，更好激发广大党员干部干事创业的积极性、主动性、创造性，在干事创业中放开手脚、敢闯敢拼、敢为人先。

时代的号角已经吹响，伟大的目标催人奋进。全面建成社会主义现代化强国、实现第二个百年奋斗目标，必然要经受许多风高浪急甚至惊涛骇浪的重大考验，全党必须要保持昂扬向上、奋发有为的精神状态和锐意进取、迎难而上的奋斗姿态，积极担当作为、敢于善于斗争，以时不我待、只争朝夕的干劲、闯劲和拼劲，积极抓住干事创业的重要战略机遇，破除一切阻碍干事创业的各种因素，营造有利于干事创业的良好环境。全党要深入推进党的自我革命，持之以恒正风肃纪，形成风清气正的党内政治生态，以始终保持干事创业精神状态推动大党独有难题的有效解决，为实现强国建设、民族复兴的历史伟业创造有利条件。

---

① 习近平：《努力造就一支忠诚干净担当的高素质干部队伍》，《求是》2019 年第 2 期。

第六章

如何始终能够及时发现和解决自身存在的问题

如何看待自身存在的问题是一个政党价值观和利益观的生动体现，集中体现在能否始终坚持问题导向，善于发现、敢于直面和勇于解决自身存在的问题。列宁强调，“一个政党对自己的错误所抱的态度，是衡量这个党是否郑重，是否真正履行它对本阶级和劳动群众所负义务的一个最重要最可靠的尺度”。① 如何始终能够及时发现和解决自身存在的问题，是习近平总书记阐述的解决大党独有难题的第五个问题，意在提醒全党坚持真理、修正错误，以彻底的自我革命精神持之以恒推进全面从严治党，同一切影响党的先进性、弱化党的纯洁性的问题，特别是党风廉政上的问题作坚决斗争，确保百年大党不变质、不变色、不变味。与此同时，不断提出真正解决问题的新理念新思路新办法，实现自我革新和自我提高，不断增强党的创造力、凝聚力、战斗力。

党的百年奋斗历史经验启示我们：“先进的马克思主义政党不是天生的，而是在不断自我革命中淬炼而成的。”② 在自我革命中“淬炼”，为始终能够及时发现和解决自身存在的问题提供了一个核心的分析和解决视角，实际上是以一种科学的态度和方法发现问题、分析问题、把握问题、解决问题。不忽视问题、不掩盖矛盾，针对自身存在的问题的时代背景、社会根源、历史根源、思想根源以及具体内容，作反复深入全面的分析研究，分清是非，积极开展批评和自我批评，勇于自我革命，不断清除

① 《列宁全集》第 39 卷，人民出版社 2017 年版，第 37 页。

② 《中共中央关于党的百年奋斗重大成就和历史经验的决议》，《人民日报》2021 年 11 月 17 日。

一切侵蚀党的健康肌体的杂质、病毒和毒瘤，确保党历经艰难险阻、千锤百炼而又永葆旺盛生命力、强大战斗力。

第一节　始终能够及时发现和解决自身存在的问题的重要意义

马克思强调，“问题在于这些规律本身，在于这些以铁的必然性发生作用并且正在实现的趋势”。[①] 从问题、本质、规律的视角来看，始终能够及时发现和解决自身存在的问题是一个坚持真理、修正错误，科学认识事物本身内在联系和规律性的过程。这是中国共产党攻坚克难、绝处逢生，拨乱反正、守正创新，历经百年沧桑依然风华正茂，不断开辟马克思主义中国化时代化新境界的奥秘所在。与此同时，从不讳疾忌医、在自我革命中淬炼是中国共产党能够及时发现和解决自身问题的一贯原则和实践要求，这从根本上决定了党能够积极开展批评和自我批评，不断清除一切损害党的先进性和纯洁性的因素，永葆马克思主义政党本色，始终走在时代前列。尤为重要的是，突破“革别人命容易、革自己命难”的困境，就必须要有正视问题的自觉和刀刃向内的勇气，将自我革命进行到底。

一、始终坚持真理、修正错误是党历经百年沧桑依然风华正茂的奥秘所在

一个政党所能达到的最佳状态可以描述为：既有崇高的奋斗目标，又有奋勇前进的历史定力，无论顺境抑或逆境，都有可以依赖的坚强力

① 《马克思恩格斯文集》第 5 卷，人民出版社 2009 年版，第 8 页。

量，历经岁月磨砺依然初心不改、朝气蓬勃等，这反映着其强烈的使命担当和高度的历史自觉性，在提出和回答一系列重大时代课题中深化对自身建设规律认识的程度。中国共产党就是最好的例子，历经百年沧桑依然风华正茂、历经千锤百炼愈加成熟强大的奥秘便是始终坚持真理，不断推进马克思主义中国化时代化，修正错误，及时发现和解决自身存在的问题，将伟大自我革命进行到底，永葆马克思主义政党本色。坚持真理、修正错误是党最宝贵的精神品格和实践原则，体现在党性和人民性的统一。因此，毛泽东在《论联合政府》一文中指出："共产党人必须随时准备坚持真理，因为任何真理都是符合于人民利益的；共产党人必须随时准备修正错误，因为任何错误都是不符合于人民利益的。"[①] 从人民利益出发来认识真理与错误的辩证关系，敢于为人民利益坚持真理、修正错误，并将之作为坚持真理与修正错误的根本标准，体现了中国共产党人坚持唯物史观和正确党史观，站稳党性立场和人民立场，勇于揭露和纠正自身存在的问题，经常自己批判自己，直至达到最终奋斗目标。

党的二十大报告强调，"推进马克思主义中国化时代化是一个追求真理、揭示真理、笃行真理的过程"。[②] 这集中体现在中国共产党人把马克思主义基本原理同中国具体实际相结合、同中华优秀传统文化相结合，正确回答时代和实践提出的重大问题，不仅作出符合客观规律的科学认识，而且形成与时俱进的理论成果，更好指导中国实践。坚持真理、修正错误也是习近平新时代中国特色社会主义思想的世界观和方法论的集中体现，坚持人民至上、坚持自信自立、坚持守正创新、坚持问题导向、坚持系统观念、坚持胸怀天下。更具体地说，追求真理、揭示真理、笃

---

① 《毛泽东选集》第 3 卷，人民出版社 1991 年版，第 1095 页。

② 习近平：《高举中国特色社会主义伟大旗帜 为全面建设社会主义现代化国家而团结奋斗——在中国共产党第二十次全国代表大会上的报告》，人民出版社 2022 年版，第 16 页。

行真理的过程也是一个直面问题、剖析问题、解决问题的过程，反之亦然。当前，在坚持和加强党的领导和党的建设领域还面临着一系列突出问题，这些问题意义重大、涉及面广、成因复杂、解决难度大，既有长期存在的硬骨头和老难题，也有党的建设改革中出现的新问题，不断提出真正解决问题的新理念新思路新办法，成为坚持真理、修正错误，推进理论创新、展现真理力量的一贯要求。

二、从不讳疾忌医、在自我革命中淬炼是党始终保持纯洁性、走在时代前列的必然要求

纵观世界政党政治发展史，任何政党尤其是处在执政地位的政党，都有肃清腐化防止越轨行为发生，从而保持肌体健康和政治稳定，以先进的思想理论指导实践，引领时代发展潮流并不断发展壮大的迫切诉求。但是，鲜有像中国共产党这样以正确态度对待问题和错误，从不讳疾忌医，发扬彻底的自我革命精神，在自我革命淬炼中始终保持党的先进性和纯洁性品质，锻造始终走在时代前列的马克思主义执政党。任何政党在各个时期都有自身存在的问题，也都会犯错误，作为新型的马克思主义政党当然也不例外，关键是如何对待问题和错误，怎样才能使小问题不至于发展成大错误。

在新的时代条件下，保持党的无产阶级先锋队政党性质面临着诸多挑战，回避问题及不能有效地解决问题，保持党的先进性和纯洁性就是一句空话，对加强党的建设产生不了任何积极意义。为此，习近平总书记强调，“先进性和纯洁性是马克思主义政党的本质属性，我们加强党的建设，就是要同一切弱化先进性、损害纯洁性的问题作斗争，祛病疗伤，激浊扬清。”① 马克思主义政党的纯洁性和先进性属性根源于马克思

① 习近平：《在庆祝中国共产党成立 95 周年大会上的讲话》，《求是》2021 年第 8 期。

主义理论的科学性和革命性特征，这也是马克思主义政党的生命所系、力量所在。但是随着历史的前进、实践的发展、党的活动的展开，各种杂质、病毒和毒瘤会慢慢侵入党的健康肌体，总有一个祛病疗伤，激浊扬清，保持党的纯洁性和先进性的本质属性的根本问题。党永葆纯洁性和先进性的百年历史和实践证明，“党的伟大不在于不犯错误，而在于从不讳疾忌医，积极开展批评和自我批评，敢于直面问题，勇于自我革命”。[①] 这是由中国共产党诞生的理论体系的科学性、阶级基础的先进性，实践的坚决性并始终起推动作用所决定的，也是由党的性质宗旨、指导思想、纲领路线、所处的历史方位和现阶段任务所要求的，必须长期坚持、不断前进。从不讳疾忌医，就是有敢于直面问题的自觉，敢于接受刀刃向内、刮骨疗毒的勇气；在自我革命中淬炼，要有一套自我净化、自我完善、自我革新、自我提高的制度规范体系，以此来奠定中国共产党得到最广大人民群众的信任和拥护，存在和发展并实现长期执政的根基。

三、以正视问题的自觉和刀刃向内的勇气突破“革别人命容易、革自己命难”困境

革命性是马克思主义的本质属性，相应的也成为以马克思主义武装起来的中国共产党的本质属性，并在党的百年奋斗史中形成了不断推进社会革命和自我革命的优良传统和政治优势，开辟了实现中华民族伟大复兴的光明前景。进入新时代，作为世界上最大的马克思主义执政党，中国共产党是当今中国最高政治领导力量，占据优势的地位，掌握着更多资源，发挥领导核心作用，带领人民进行的是一场广泛、深刻、持久

① 《中共中央关于党的百年奋斗重大成就和历史经验的决议》，《人民日报》2021 年 11 月 17 日。

的社会革命。但是党的执政环境和执政条件发生了巨大变化，坚持党的领导和加强党的建设面临的各种突出问题对保持党的先进性和纯洁性具有很强的危害性和破坏性，对坚持自我革命、实现长期执政提出了前所未有的新挑战。因此，习近平总书记从把握社会革命与自我革命的辩证关系出发，强调，“处在执政地位、掌控执政资源，很容易在执政业绩光环的照耀下，出现忽略自身不足、忽视自身问题的现象，陷入‘革别人命容易，革自己命难’的境地”。①这对致力于跳出治乱兴衰历史周期率、实现长期执政目标的中国共产党，是一个关系全局的根本性问题。

为什么革别人命容易，革自己命难？一方面，革别人的命也不容易。通过新民主主义革命推翻三座大山取得国家政权，为更广泛的社会革命开辟道路不容易；通过社会主义革命确立社会主义制度，完成最为广泛和深刻的社会变革不容易；通过改革开放激发广大人民群众的积极性主动性创造性，解放和发展生产力不容易；新时代坚持和发展中国特色社会主义更是一场广泛、深刻、持久的社会革命。因此，对于中国共产党而言，这是一个付出巨大牺牲、战胜无数艰难险阻，旷日持久且不屈不挠的漫长过程。另一方面，革自己命难，难就难在以自我为标靶，以触及利益和灵魂为核心，以革命为武器，是刀刃向内的自我剖析和自我否定，犹如拿起手术刀给自己做手术。自我革命的过程是痛苦的，既有肌体的痛苦，也有精神的考验，更是对自我革命能力的检验，但这确实是建设长期执政的马克思主义政党的必经之路。因此，必须具备正视问题的自觉和刀刃向内的勇气，冲破思想观念的障碍，突破利益固化的藩篱，同时也需具备实现自我净化、自我完善、自我革新、自我提高的能力和本领。这就要求全党解放思想、实事求是，时刻保持解决大党独有难题的清醒和坚定，绝不能有松劲歇脚、疲劳厌战的情绪，打破不合时宜的

① 习近平：《论坚持全面深化改革》，中央文献出版社 2018 年版，第 327 页。

思维定势，坚决破除特权思想和特权行为，坚持党性党风党纪一起抓，以刮骨疗毒的决心和意志同一切影响党的先进性、弱化党的纯洁性的问题作坚决斗争。尤为重要的是，自我革命目标的实现必须建立在强大的自我革命能力和执政本领之上，这是党在革命性锻造中更加坚强的根本保证。全面提高党的自我净化、自我完善、自我革新、自我提高能力，必须在过滤杂质、清除毒素、割除毒瘤的自我净化能力，修复肌体、健全机制、丰富功能的自我完善能力，与时俱进、自我超越、改革创新的自我革新能力，提升政治境界、思想境界、道德境界的自我提升能力上下功夫，形成长期执政条件下实现“四个自我”的有效路径。

第二节　加强党内监督、勇于自我革命是及时发现和解决自身存在问题的关键所在

“没有什么外力能够打倒我们，能够打倒我们的只有我们自己。”[①] 这是一种强烈的、内省的“愈大愈惧，愈强愈恐”的忧患意识，对自身问题和错误所采取的郑重态度。中国共产党的发展壮大和前途命运，不仅取决于人民的选择和期望，而且还在于对自身存在的深层次问题和新出现的问题始终保持头脑清醒、态度鲜明，高度的政治自觉且行动坚定，以此保证自身的生机活力和昂扬斗志，这是赢得民心并实现长期执政的根本。始终能够及时发现和解决自身存在的问题，是无产阶级政党的党性、革命性特征的具体表现形式，意在清除一切侵蚀党的健康肌体的病毒，提高自身免疫力，确保党不变质、不变色、不变味，永葆马克思主义政党本色。

---

① 习近平：《论坚持全面深化改革》，中央文献出版社2018年版，第327、328页。

“公开承认错误、揭露犯错误的原因，分析产生错误的环境，仔细讨论改正错误的方法——这才是一个郑重的党的标志。”[①] 及时发现和解决自身存在的问题，既要有发现问题的意识和机制，又要有解决问题的能力和途径，不断研究党的建设工作中的新情况新问题。具体表现为：（1）增强问题意识，加强党内监督，构建和完善党和国家监督体系，把监督贯穿管党治党、治国理政各项工作；（2）勇于自我革命，一刻不停全面从严治党，同一切影响党的先进性、弱化党的纯洁性的问题作坚决斗争，以党的自我革命引领社会革命；（3）运用马克思主义科学的世界观和方法论解决自身存在的问题，不断提出真正解决问题的新理念新思路新办法，推进管党治党实践创新、理论创新、制度创新，不断深化对自我革命规律的认识。

一、加强党内监督，把监督贯穿管党治党、治国理政各项工作

权力需要监督，权力必须监督，不受监督的权力必然成为滋生腐败问题、弊病丛生的温床。中国共产党是最高政治领导力量，是中国特色社会主义事业的领导核心，也是世界上最大的马克思主义执政党，把加强对权力的制约和监督，尤其是对主要领导干部和领导班子的监督作为及时发现自身存在问题的根本举措，是坚持党的全面领导和实现长期执政、始终赢得人民拥护和保证国家长治久安的必然要求。因此，习近平总书记强调，“自我监督是世界性难题，是国家治理的哥德巴赫猜想”。[②] 这个世界性难题，资产阶级政党由自身阶级性和利益所限，自然谈不上严格的党内监督。曾经的一些社会主义政党虽然也试图解决自我监督的问题，但是也没有成功，权力运行越来越不受内外部监督，最终走向垮

① 《列宁全集》第 39 卷，人民出版社 2017 年版，第 37 页。

② 《习近平关于坚持和完善党和国家监督体系论述摘编》，中央文献出版社、中国方正出版社 2022 年版，第 53 页。

台。中国共产党最讲认真，对于自身存在的问题不否认、不遮掩、不搁置、不放过。习近平总书记强调，“讲认真是关系党和人民事业的大问题，是关系世界观和方法论的大问题，……应该体现在干事创业方方面面，也应该体现在党内生活方方面面”。[①]只有始终坚持贯彻实事求是的思想路线，将“讲认真”作为一种思想方法和行为方式，才能在实践中坚持真理和发展真理、修正错误和纠正偏差，使主观与客观相符合、认识与实践相统一。

第一，加强党内监督，首先要科学认识自身存在的问题，在世界观方法论上承认矛盾的普遍性和特殊性，将解决党的建设面临的突出问题和大党独有难题作为把党建设得更加坚强有力的动力。中国共产党能够科学客观地看待所走过的历史，以及在探索中难免出现的失误、错误和问题。“一是敢于承认，二是正确分析，三是坚决纠正，从而使失误和错误连同党的成功经验一起成为宝贵的历史教材。”[②]这是中国共产党长期形成的优良传统和区别于其他政党的显著标志。敢于直面问题才能解决问题，对于那些摆在面前的问题，绝不能视而不见，或者蒙蔽双眼、或者把头埋进沙子里、或者绕道走；也绝不能无限缩小问题，认为无足轻重、无关紧要、无伤大雅；也绝不能无限放大问题制造假象，要么噤若寒蝉、畏首畏尾，要么放大危险、上纲上线、胡作非为。聚焦党内存在的突出问题，必须从讲政治的高度来看待，“党内所有的政治问题，归根到底就是对党是否忠诚”[③]，这是绝对的、无条件的，不折不扣落实党中央决策部署。

第二，加强党内监督，要善于发现自身存在的问题，把发现问题、

① 《习近平关于党的群众路线教育实践活动论述摘编》，党建读物出版社、中央文献出版社 2014 年版，第 74 页。

② 《中国共产党的历史使命与行动价值》，人民出版社 2021 年版，第 65 页。

③ 《习近平关于“不忘初心、牢记使命”论述摘编》，党建读物出版社、中央文献出版社 2019 年版，第 116 页。

推动整改、促进改革、完善制度贯通起来。党内监督在党和国家监督体系中是最基本的、第一位的，以党内监督为主导，促进党内监督与人大监督、民主监督、行政监督、司法监督、审计监督、财会监督、统计监督、群众监督、舆论监督等有机贯通、形成合力，是发现自身存在的问题的关键。对于那些已经展开的问题，推动问题整改走深走实。与此同时，用发展的眼光时刻关注和把握不断产生的新问题和转化的老问题，既要搞清楚前因后果，又要紧密追踪发展态势，坚持抓早抓小，发现问题及时处理，突出重点削减存量、零容忍遏制增量。找不到问题也是问题，要跳出思维定势，不盲从权威和经验，不主观臆断和感情用事，分清真相和假象及其本质。当前，既要充分肯定我们在坚持党的领导和加强党的建设方面所取得的成就，还要看到存在的不足、困难和问题，全面、系统、整体落实党的领导的问题，斗争本领不强和实干精神不足的问题，形式主义官僚主义仍较突出，意识形态领域的挑战等等。

第三，加强党内监督，要聚焦问题，把握问题的系统性、综合性、全面性特点和客观规律。党内存在的一切问题往往都不是孤立存在的，而是相互关联的。新时代党的建设“5+2”总体布局既强调党的建设各领域各部分各方面，更强调“总体性”的系统观念，顶层设计、统一协调、综合解决的思路。例如党员干部在“思想、政治、作风、能力、廉政”等方面存在的问题，也是相互关联的，即“牵一发而动全身”。

第四，加强党内监督，还要注重关注倾向性、苗头性问题和聚焦重大、关键问题，尤其注重解决好党内出现的新问题和存在的深层次问题之间的关系，把握好问题产生的背景和原因、存在的状态和关联、发展的态势和着力点。例如，党内政治生活方面存在突出问题，对作风问题产生的根源，对腐败问题产生的土壤和条件，对由风及腐、风腐一体问题等，需要把握相互的关联，提升综合治理效能。

二、勇于自我革命，一刻不停全面从严治党

加强党内监督、把监督贯穿管党治党、治国理政各项工作是为了发现问题，发现问题是前提；勇于自我革命、一刻不停全面从严治党是为了解决问题，解决问题是关键，解决问题本身就是推动事业发展。因此，始终能够及时发现和解决自身存在的问题，落脚点就在于解决问题。以彻底的自我革命精神推进全面从严治党，旨在同一切弱化党的领导、动摇党的执政基础、违反党的政治纪律和政治规矩的行为作坚决斗争，体现出了强烈的自我革命精神和切实解决问题的意志和能力。勇于自我革命、一刻不停全面从严治党，从思想、制度、利益根源上来破解党内存在的问题，既要把住关键点，也要形成整体态势，不使个别的、局部的、暂时的错误发展成为一系列深层的、全局的、长期的错误。

第一，“全面从严治党首先要从政治上看，不断提高政治判断力、政治领悟力、政治执行力。”① 旗帜鲜明讲政治，就要善于从政治上观察和处理问题，深刻认识自身存在问题的政治本质和政治危害，从政治上领会好、领会透全面从严治党的重大方针、重大原则和重点任务，对表对标，校准偏差，强化责任意识，确保落实到位。大量事实表明，党内存在的各种问题，从根本上讲，都与政治建设没有抓紧、没有抓实，政治生活不严肃、不健康有关。落实新时代党的建设总要求，必须以党的政治建设为统领，将之全面体现到党的思想建设、组织建设、作风建设、纪律建设、制度建设和反腐败斗争中，凸显坚持党的领导和“打铁还需自身硬”的本质要求。

第二，“推进全面从严治党，既要解决思想问题，也要解决制度问

---

① 《习近平在十九届中央纪委五次全会上发表重要讲话强调 充分发挥全面从严治党引领保障作用 确保“十四五”时期目标任务落到实处》，《人民日报》2021 年 1 月 23 日。

题”。[①] 一方面，以彻底的自我革命精神解决党内存在的思想问题，就要抓住“理想信念”这个共产党人安身立命的根本。一些党员干部包括高级干部中，对党不忠诚、脱离群众、独断专行、纪律松弛、庸懒无为、腐化堕落、违法乱纪等问题的存在，归根到底都是理想信念不坚定乃至丧失了理想信念，精神上就会缺“钙”，就会得“软骨病”，进而导致在政治上不坚定。着重从思想源头上解决问题，就要坚持把思想建设作为党的基础性建设，通过淬炼自我革命的锐利思想武器，发挥思想建设在全面从严治党体系中的基础性作用。另一方面，以彻底的自我革命精神解决党内存在的制度问题，就要重视党内法规制度建设，注重运用党内法规管党治党、提高党的执政能力和领导水平。坚持制度治党、依规治党，是全面从严治党的长远之策、根本之策[②]。直面党的领导弱化、党的建设缺失，损害党的先进性和纯洁性，以及党内存在的思想不纯、政治不纯、组织不纯、作风不纯、消极腐败等突出问题，将监督贯穿于管党治党、治国理政各项工作，强化制度针对性和执行力，发挥制度治本作用。将制度建设贯穿于新时代党的建设各方面始终，构建系统完备、科学规范、运行有效的党内法规制度体系，增强整体功能，为全面从严治党提供制度保障。

第三，解决党内存在的突出问题，还必须以彻底的自我革命精神铲除腐败问题产生的土壤和条件。“反对腐败、建设廉洁政治，保持党的肌体健康，始终是我们党一贯坚持的鲜明政治立场。”[③] 铲除滋生腐败问题的土壤和条件，关键在于依法设定权力、规范权力、制约权力、监督权力，进而从根本上斩断权力与腐败之间的利益链条。因此，保持高压态势，以严的基调强化不敢腐的惩治威慑效能，完善体制机制，以依规治

① 《十九大以来重要文献选编》(上)，中央文献出版社 2019 年版，第 188 页。

② 习近平：《论坚持全面依法治国》，中央文献出版社 2020 年版，第 169 页。

③ 《习近平关于全面从严治党论述摘编》，中央文献出版社 2016 年版，第 175 页。

党强化不能腐的制度约束，加强廉洁文化建设，以坚定理想信念强化不想腐的思想觉悟，确保党和人民赋予的权力始终用来为人民谋幸福。

三、深入推进管党治党实践创新、理论创新、制度创新

新形势下，党要始终赢得人民拥护，巩固长期执政地位，就必须切实加强党的领导和改进党的建设，毫不动摇把党建设得更加坚强有力。因此，面对长期存在的“四大考验”“四种危险”，聚焦党的建设面临的突出问题，解决大党独有难题，落实党要管党、从严治党的任务比以往任何时候都更为繁重更为紧迫，推进管党治党实践创新、理论创新、制度创新成为推进党的自我革命，建设长期执政的马克思主义政党的时代要求。

发现问题是创新的起点，解决问题是创新的动力。以改革创新精神聆听时代声音、回应时代呼唤，研究解决管党治党重大而紧迫的问题，是马克思主义中国化时代化的根本要求，也是习近平新时代中国特色社会主义思想世界观和方法论的集中体现。“今天我们所面临问题的复杂程度、解决问题的艰巨程度明显加大，给理论创新提出了全新要求。”[①] 从本质上来讲，实践创新、理论创新、制度创新的过程就是发现问题、筛选问题、研究问题、解决问题的过程，不断提出真正解决问题的新理念新思路新办法，反之亦然。坚持问题导向，既全面分析党自身建设状况，又深刻把握新形势新任务对党的建设提出的新要求，实现理论创新与实践创新、制度创新的良性互动，这为深入推进新时代党的建设新的伟大工程，把党建设成为始终走在时代前列、人民衷心拥护、勇于自我革命、经得起各种风浪考验、朝气蓬勃的马克思主义执政党，提供了科学路径。

① 习近平：《高举中国特色社会主义伟大旗帜 为全面建设社会主义现代化国家而团结奋斗——在中国共产党第二十次全国代表大会上的报告》，人民出版社 2022 年版，第 20 页。

推进管党治党实践创新、理论创新、制度创新的关键在于，继承和发展马克思主义建党学说，总结运用党的百年奋斗历史经验，立足于新时代党的建设面临的突出问题和大党独有难题，不断提出真正解决自身问题的新理念新思路新办法，以深化对建设长期执政的马克思主义政党的规律性认识。第一，继承和发展马克思主义建党学说，就要坚持和运用马克思主义的世界观和方法论来解决自身存在的问题。马克思强调“辩证法不崇拜任何东西，按其本质来说，它是批判的和革命的。”[①]“和其他一切政党一样，无产阶级将从没有人能使它完全避免的错误的后果中最快地取得教训。”[②]这既是中国共产党“自我革命”思想的理论基础，也是发现和解决自身存在的问题的根本指针，保证了马克思主义政党的革命性特征。第二，总结运用党的百年奋斗历史经验，就要深刻把握和理解党的百年自身建设史的基本脉络、主流主线和本质内容。一百年来，从科学回答建设一个什么样的党、怎样建设党这一重大问题，到为什么要坚持党的领导、怎样坚持和完善党的领导这一根本问题，从科学回答不断提高党的领导水平和执政水平、提高拒腐防变和抵御风险能力两大历史性课题，到建设什么样的长期执政的马克思主义政党、怎样建设长期执政的马克思主义政党这一关系党和国家事业发展的重大理论和实践问题，中国共产党人勇于面对前进道路上的重大风险考验和党内存在的突出问题，坚持党要管党、全面从严治党，在革命性锻造中焕发出强大生机活力。党的百年建设史与党的百年奋斗史紧密相连，统一于推进党的建设新的伟大工程和实现中华民族伟大复兴的历史进程中。第三，立足于新时代党的建设面临的突出问题和大党独有难题，就要能够不断提出真正解决自身问题的新理念新思路新办法。全面从严治党是新时代党的建设的鲜明主题，是中国共产党在新时代管党治党、推进自我革命的

① 《马克思恩格斯选集》第 2 卷，人民出版社 2012 年版，第 94 页。

② 《马克思恩格斯选集》第 4 卷，人民出版社 2012 年版，第 594 页。

生动实践。从提出和落实新时代党的建设总要求，到以党的政治建设统领党的建设各项工作，不仅提出了一系列真正解决自身问题的新理念新思路新办法，而且取得了一系列实践创新、理论创新、制度创新成果。

迈向新征程，党的二十大报告提出“要始终赢得人民拥护、巩固长期执政地位，必须时刻保持解决大党独有难题的清醒和坚定”①。大党独有难题具体表现为党在管党治党、治国理政过程中所遇到的各类风险挑战，这些难题是我们党作为长期执政的马克思主义政党和世界上第一大政党所独有的，与党的独有优势相对应。“问题是创新的起点，解决大党独有难题本身就是马克思主义执政党建设理论和实践的重大创新。”②因此，树立鲜明的问题导向，将正确对待错误、勇于修正错误作为坚持真理、不断拓展真理性认识的广度和深度的必要条件，持之以恒推进全面从严治党，以刀刃向内的自我革命精神解决大党独有难题是一个长期而艰巨的过程。

第三节　坚持问题导向，不断提出真正解决问题的新理念新思路新办法

1904年，列宁在《进一步、退两步》中指出：“一个政党假如不敢如实地说出自己的病，不敢进行严格的诊断和找出治病的办法，那它就不配受人尊敬了。”③敢于承认并勇于解决自身存在的问题，不仅无损于党的号召力、凝聚力、战斗力以及在人民群众中的威信和形象，反之有

① 习近平：《高举中国特色社会主义伟大旗帜　为全面建设社会主义现代化国家而团结奋斗——在中国共产党第二十次全国代表大会上的报告》，人民出版社2022年版，第63页。

② 颜晓峰：《深入回答建设长期执政的马克思主义政党重大时代课题》。

③《列宁全集》第8卷，人民出版社2017年版，第317页。

积极促进作用。坚持党要管党、全面从严治党是新时代党的建设根本原则和指导方针，既指引方向、提出要求，又注入活力、提供动力，为始终能够及时发现自身存在的问题，分析研究自身存在的问题，不断提出真正解决问题的新理念新思路新办法提供了根本遵循。

一、发扬历史主动精神，掌握科学的世界观和方法论

历史的发展和时代的进步有其内在的、固有的客观规律，但归根到底是人类实践的产物。中国共产党发扬历史主动精神，不仅科学分析和把握历史大势，善于抓住和利用好各种历史机遇，而且能够及时发现和解决自身存在的问题，正确处理好各种矛盾关系，始终掌握党和国家事业发展的历史主动权。实践证明，“拥有马克思主义科学理论指导是我们党坚定信仰信念、把握历史主动的根本所在”。[①] 只有坚持以马克思主义为指导，把马克思主义基本原理同中国具体实际相结合、同中华优秀传统文化相结合，勇于实践探索和理论创新，不断推进马克思主义中国化时代化，才能从理论和实践的结合上正确回答关系党和国家事业发展、党管党治党和执政兴国的一系列重大时代课题。

坚持把马克思主义作为党和国家必须始终遵循的指导思想，不是把马克思主义当作一成不变的教条，背诵和重复其具体结论和词句，而是着眼于解决新时代改革开放和社会主义现代化建设的实际问题，运用其科学的世界观和方法论来回答中国之问、世界之问、人民之问、时代之问，得出符合客观规律的科学认识和理论成果以更好指导实践。“马克思主义理论的科学性和革命性源于辩证唯物主义和历史唯物主义的科学世界观和方法论，为我们认识世界、改造世界提供了强大思想武器，为世

① 习近平：《高举中国特色社会主义伟大旗帜　为全面建设社会主义现代化国家而团结奋斗——在中国共产党第二十次全国代表大会上的报告》，人民出版社 2022 年版，第 16 页。

界社会主义指明了正确前进方向。”① 坚持和运用马克思主义的世界观和方法论——辩证唯物主义和历史唯物主义去认识问题、分析问题和解决问题，是中国化时代化的马克思主义行的集中体现。坚持人民至上、坚持自信自立、坚持守正创新、坚持问题导向、坚持系统观念、坚持胸怀天下是习近平新时代中国特色社会主义思想的世界观和方法论，是对马克思主义世界观和方法论的创新性发展。

把握好、运用好习近平新时代中国特色社会主义思想的世界观和方法论以及贯穿其中的立场观点方法，是从中国基本国情出发，由中国人依靠自身力量来解答中国问题，不断推进实践基础上的理论创新和制度创新的本质要求。坚持人民至上，将人民的根本利益作为衡量一切工作得失的根本标准，将人民的创造性实践作为党的理论创新的不竭动力，以人民为中心推进党的建设制度创新。坚持自信自立，坚定道路自信、理论自信、制度自信、文化自信，勇于自我革命，依靠中国共产党人自身的力量及时发现和解决自身存在的问题。坚持守正创新，就要坚持马克思主义基本原理、坚持党的全面领导、坚持中国特色社会主义不动摇，针对层出不穷的新情况新问题，敢于说前人没有说过的新话，敢于干前人没有干过的新事，不断拓展认识的广度和实践的深度。坚持问题导向，就要增强问题意识，聚焦实践遇到的新问题、改革发展稳定存在的深层次问题、人民群众急难愁盼问题、国际变局中的重大问题、党的建设面临的突出问题，不断提出真正解决问题的新理念新思路新办法。坚持系统观念，运用普遍联系的、全面系统的、发展变化的视角观察事物、把握规律，不断提高战略思维、历史思维、辩证思维、系统思维、创新思维、法治思维、底线思维能力，为前瞻性思考、全局性谋划、整体性推进党和国家各项事业提供科学思想方法。坚持胸怀天下，明确中国共产

① 《习近平在中共中央政治局第五次集体学习时强调 深刻感悟和把握马克思主义真理力量 谱写新时代中国特色社会主义新篇章》，《人民日报》2018 年 4 月 25 日。

党既是为中国人民谋幸福、为中华民族谋复兴的党，也是为人类谋进步、为世界谋大同的党，为全球治理体系变革和人类和平发展事业贡献中国智慧、中国方案。不管未来形势和任务如何变化，不管遇到什么样的惊涛骇浪，坚持不懈用习近平新时代中国特色社会主义思想武装全党、凝心聚魂，牢牢把握住和运用好马克思主义、中国化时代化的马克思主义的世界观和方法论以及贯穿其中的立场观点方法，就能够找到党和国家事业发展难题的破解之道，赢得历史主动。

二、深入调查研究，科学准确地认识和把握问题

调查研究是党的一项优良传统和重要工作制度，开展深入细致的调查研究对于真正把情况摸清、把问题找准、把对策提实，使问题得到彻底的解决具有重要意义。习近平新时代中国特色社会主义思想的主要内容是围绕新时代坚持和发展中国特色社会主义、建设社会主义现代化强国、建设长期执政的马克思主义政党重大时代课题和具体问题而提出的，具有强烈的问题意识和现实针对性，是在全面深入调查研究基础上正确回答时代和实践提出的重大问题、实现党的理论创新的典范。

坚定不移全面从严治党，深入推进新时代党的建设新的伟大工程，必须准确把握新时代党的建设总要求，重视政治问题，通过深入充分的调查研究加强对党的建设重大理论和实践问题的研究，对全面从严治党的研究、对自我革命的研究、对党的建设理论最新成果的研究等，深化认识党的建设、党的领导、党的执政基本规律。始终能够及时发现和解决自身存在的问题是全党的事情，在全党大兴调查研究之风，要求“弘扬党的光荣传统和优良作风，促进党员干部特别是领导干部带头深入调查研究，扑下身子干实事、谋实招、求实效”。[①] 针对全面从严治党中的

---

① 习近平：《高举中国特色社会主义伟大旗帜 为全面建设社会主义现代化国家而团结奋斗——在中国共产党第二十次全国代表大会上的报告》，人民出版社 2022 年版，第 68 页。

重大问题，落实党的领导弱化虚化淡化、党组织政治功能和组织功能不够强，干事创业精气神不足、不担当不作为，应对“黑天鹅”“灰犀牛”事件和防范化解风险能力不强，形式主义、官僚主义，特权思想和特权行为等重点问题，《关于在全党大兴调查研究的工作方案》要求做好事关全局的战略性调研、破解复杂难题的对策性调研、新时代新情况的前瞻性调研、重大工作项目的跟踪性调研、典型案例的解剖式调研、推动落实的督查式调研等，把调查研究成果转化为持之以恒推进全面从严治党的工作部署和实际成效。

深入调查研究，及时发现和解决自身存在的问题，一是站稳人民立场，将以人民为中心的发展理念贯穿到党的建设各项工作之中，将发现和解决坚持党的领导和加强党的建设面临的一系列突出问题、热点问题、难点问题与人民群众最急最忧最怨的问题、最关心最直接最现实的利益问题紧密结合起来，走好新时代党的群众路线。二是坚持系统观念，“坚持发展地而不是静止地、全面地而不是片面地、系统地而不是零散地、普遍联系地而不是单一孤立地观察事物，准确把握客观实际，真正掌握规律，妥善处理各种重大关系。”[①] 系统观念的核心要义即通过历史看现实，透过现象看本质，把握好全局和局部、当前和长远、宏观和微观、主要矛盾和次要矛盾、特殊和一般的关系。在坚持和加强党的全面领导、推进全面从严治党方面，以加强党的长期执政能力建设、先进性和纯洁性建设为主线，以党的政治建设为统领，以坚定理想信念宗旨为根基，以调动全党积极性、主动性、创造性为着力点，全面推进党的政治建设、思想建设、组织建设、作风建设、纪律建设，把制度建设贯穿其中，深入推进反腐败斗争，不断提高党的建设质量。三是坚持问题导向，以解决实际问题为出发点，带着问题、

① 《习近平在中共中央政治局第二十次集体学习时强调 坚持运用辩证唯物主义世界观方法论 提高解决我国改革发展基本问题本领》，《人民日报》2015 年 1 月 25 日。

使命和感情开展调查研究，注重发现问题的痛点、难点和堵点，不回避矛盾、不击鼓传花，使问题的全貌、本质规律和影响性因素充分暴露和聚焦，将经过深入研究且比较成熟的调研成果及时上升为决策部署，转化为具体措施，不断提高科学决策能力、群众工作能力和抓落实能力。

三、坚持党的全面领导，健全全面从严治党体系

进入新时代，党的建设新的伟大工程取得显著成就与一系列长期积累及新出现的突出矛盾和问题亟待解决并存，以习近平同志为核心的党中央发扬彻底的自我革命精神深入推进全面从严治党，并将之作为党的长期战略和永恒课题长期坚持下去，解决了许多长期想解决而没有解决的难题，办成了许多过去想办而没有办成的大事，推动党的建设领域发生了深层次的、根本性的历史性变革。“全面从严治党，核心是加强党的领导，基础在全面，关键在严，要害在治。”[①]全面从严治党是新时代党的建设的鲜明主题，是解决一系列管党治党难题的生动实践。经过新时代十年全面从严治党，习近平总书记在党的二十大报告中提出“健全全面从严治党体系”，在二十届中央纪委二次全会上总结了新时代十年我们党初步构建起全面从严治党体系，深化对自我革命规律的认识，阐述了健全全面从严治党体系的目标任务、实践要求，强调“全面从严治党体系应是一个内涵丰富、功能完备、科学规范、运行高效的动态系统”[②]。这既是对新时代不断推进党的建设理论创新、实践创新、制度创新的深刻总结与理论概括，也是对新征程上持之以恒推进全面从严治党的系统部署和明确要求，对推动新时代党的建设新的伟大工程向纵深发

① 《习近平关于全面从严治党论述摘编》，中央文献出版社2016年版，第11页。

② 《习近平在二十届中央纪委二次全会上发表重要讲话强调 一刻不停推进全面从严治党 保障党的二十大决策部署贯彻落实》，《人民日报》2023年1月10日。

展具有重大指导意义。

第一，“党的领导是全面的、系统的、整体的，必须全面、系统、整体加以落实。”[①] 坚持和加强党的领导，首要的是坚持和加强党中央权威和集中统一领导，并将之作为党的政治建设的首要任务。在党中央集中统一领导下，把坚持党的领导贯彻到管党治党全部工作中，一是坚持和加强党中央集中统一领导，二是坚持不懈用习近平新时代中国特色社会主义思想凝心铸魂，三是完善党的自我革命制度规范体系，四是建设堪当民族复兴重任的高素质干部队伍，五是增强党组织政治功能和组织功能，六是坚持以严的基调强化正风肃纪，七是坚决打赢反腐败斗争攻坚战持久战，以体现新时代党的建设总要求和整体布局。

第二，全面从严治党的基础在全面，坚持内容上全涵盖、对象上全覆盖、责任上全链条、制度上全贯通。坚持内容上全涵盖，把全面从严治党覆盖到党的政治建设、思想建设、组织建设、作风建设、纪律建设、制度建设、反腐败斗争各个方面。对象上全覆盖，就是全面从严治党要管全党、治全党，面向全国9800多万名党员和500多万个基层党组织，管好全体党员、治好全部党组织，重点是抓好“关键少数”，管好党员领导干部特别是高级干部、“一把手”。责任上全链条，压实各级党委（党组）全面从严治党主体责任、各级纪委的监督责任，让每名党员干部行使应有权利、履行应尽责任，做到权责对等、失责必问，压力层层传导，责任环环相扣，切实增强管党治党的责任感使命感。制度上全贯通，不断完善党内法规制度体系，增强党内法规权威性和执行力，坚持纪法贯通、法法衔接，真正实现制度治党、依规治党。

① 习近平：《高举中国特色社会主义伟大旗帜 为全面建设社会主义现代化国家而团结奋斗——在中国共产党第二十次全国代表大会上的报告》，人民出版社2022年版，第64页。

第三，全面从严治党的关键在严，全面推进思想从严、监督从严、执纪从严、治吏从严、作风从严、反腐从严，集中精力解决党的建设各方面宽、松、软等突出问题。旗帜鲜明讲政治，严肃党内政治生活，净化修复政治生态，不断提高各级党组织和党员干部政治判断力、政治领悟力、政治执行力，确保全党在政治立场、政治方向、政治原则、政治道路上与党中央保持高度一致。弘扬伟大建党精神，用习近平新时代中国特色社会主义思想凝心铸魂，持续开展党内集中教育，使党员干部补足精神之钙，解决好世界观、人生观、价值观这个总开关问题。构建党统一领导、全面覆盖、权威高效的监督体系，以党内监督为主导，促进各类监督贯通协调，既强化政治监督具体化、精准化、常态化，又做实日常监督，提高监督质量。坚持纪严于法、纪在法前，严明党的政治纪律和政治规矩，带动组织纪律、廉洁纪律、群众纪律、工作纪律、生活纪律全面从严，抓早抓小、防微杜渐，以严明的纪律规范党员干部履职用权。整顿软弱涣散党组织，增强党组织政治功能和组织功能，坚持好干部标准，着力培养忠诚干净担当的高素质干部队伍。从制定和落实中央八项规定开局破题，以钉钉子精神纠治“四风”，坚决反对特权思想和特权现象，刹住了一些长期没有刹住的歪风，纠治了一些多年未除的顽瘴痼疾，全力营造风清气正的新气象。开展史无前例的反腐败斗争，坚持无禁区、全覆盖、零容忍，不敢腐、不能腐、不想腐一体推进，“打虎”“拍蝇”“猎狐”多管齐下，查处一大批腐败分子，消除党内严重政治隐患，反腐败斗争取得压倒性胜利并全面巩固。

第四，坚持制度治党、依规治党，形成一套比较完善的以党内法规为脊梁的党的制度体系。真正解决好党内存在的突出矛盾和问题，关键的一条是“完善规范、健全制度，扎紧制度的笼子，既使已经发生的突出矛盾和问题得到更加深入有效的解决，又有效防范新的矛盾和问题滋生蔓延、有效防范已经解决的矛盾和问题反弹复发。”① 把制度建设贯穿党的各项建设之中，着力解决党的制度建设中的一些突出问题，不断提高党的制度建设的体系化、民主化、法制化水平。加快构建覆盖党的领导和党的建设各方面的党内法规体系，形成“1+4”的多级党内法规制度板块，即在党章统率之下，纵向上由党中央制定的其他中央党内法规，由中央纪委、党中央工作机关制定的部委党内法规，经党中央批准、由有关中央国家机关部门党委制定的部门党委党内法规，由省级党委制定的地方党内法规 4 个层级，横向上由党的组织法规制度、党的领导法规制度、党的自身建设法规制度、党的监督保障法规制度 4 个领域纵横交织构成的党内法规制度体系，为新时代党的建设提供了根本性、全局性、稳定性、长期性保障。

“全面从严治党是新时代党的自我革命的伟大实践，开辟了百年大党自我革命的新境界。”② 以习近平同志为核心的党中央以改进作风为突破口，坚持标本兼治的原则，通过刀刃向内、刮骨疗毒，解决了自身在政治、思想、组织、作风、纪律等方面存在的一系列重大问题。加强党内法规制度建设，充分发挥以党章、准则、条例、规定为主体的管党治党制度利器作用，维护了党中央权威和集中统一领导，保障了党长期执政、国家长治久安和人民幸福安康。实践证明：坚持和加强党的全面领导，为推进全面从严治党和中国特色社会主义事业发展提供了根本政治保证。与此同时，全面从严治党永远在路上、自我革命永远在路上，两个“永远在路上”表达了中国共产党人刮骨疗毒、修复肌体、守正创新、不断提高，永葆党的旺盛生命力和强大战斗力的意志和能力。

---

① 《十八大以来重要文献选编》（下），中央文献出版社 2018 年版，第 410 页。

② 习近平：《全面从严治党探索出依靠党的自我革命跳出历史周期率的成功路径》，《求是》2023 年第 3 期。

四、发扬自我革命精神，增强党的自我净化、自我完善、自我革新、自我提高能力

党的十八大以来，面对党面临的重大风险考验和党内存在的突出问题，我们党以刀刃向内的自我革命精神，采取一系列重大战略举措，坚持和加强党的全面领导，坚定不移推进全面从严治党，全面提高党的自我净化、自我完善、自我革新、自我提高能力，党在革命性锻造中变得更加坚强有力。自我革命就是善于发现自身问题，敢于正视和分析自身问题，勇于解决自身问题，这是党要管党、全面从严治党的显著标志。实践证明，"勇于自我革命是中国共产党区别于其他政党的显著标志。自我革命精神是党永葆青春活力的强大支撑"。① 与此同时，"坚持构建自我净化、自我完善、自我革新、自我提高的制度规范体系，为推进伟大自我革命提供制度保障"②，也是坚持制度治党、依规治党的根本举措。

第一，不断增强党的自我净化能力。全面加强党的思想建设，坚持用习近平新时代中国特色社会主义思想武装全党，引导全党坚定理想信念宗旨，自觉抵制各种腐朽思想侵蚀，解决好世界观、人生观、价值观这个总开关问题。以党的作风建设为切入点和突破口，着力解决一些党员干部思想不纯、组织不纯、作风不纯等突出问题。以零容忍态度反腐惩恶，坚决破除特权思想和特权行为，通过一系列治标治本举措过滤和清除掉一切危害党的生命力和战斗力的杂质、毒素和毒瘤。"增强党自我净化能力，根本靠强化党的自我监督和群众监督。"③ 自我监督是一种内

---

① 《中共中央关于党的百年奋斗重大成就和历史经验的决议》，《人民日报》2021 年 11 月 17 日。

② 《习近平在十九届中央纪委六次全会上发表重要讲话强调 坚持严的主基调不动摇 坚持不懈把全面从严治党向纵深推进》，《人民日报》2022 年 1 月 19 日。

③ 习近平：《决胜全面建成小康社会 夺取新时代中国特色社会主义伟大胜利——在中国共产党第十九次全国代表大会上的报告》，人民出版社 2017 年版，第 67 页。

部审视，群众监督是一种外部审视。坚定不移走中国特色执政党自我监督之路，对所有行使公权力的公职人员实行监察全覆盖，健全党统一领导、全面覆盖、权威高效的监督体系，增强监督严肃性、协同性、有效性，形成决策科学、执行坚决、监督有力的权力运行机制。通过推动政务信息公开，大兴调查研究之风，完善信访举报制度，建设便捷高效的网络举报平台等举措，畅通群众监督渠道，发挥群众监督作用。

第二，不断增强党的自我完善能力。通过党的自我净化过滤杂质、清除毒素、割除毒瘤之后，还有一个修复肌体、健全机制、丰富功能的自我完善过程。从根本上说，坚持和完善党的领导制度体系是一个动态的发展成熟过程。一方面，补短板、强弱项，健全全面从严治党体系，推进党的建设制度机制更加成熟更加定型；另一方面，着眼于加强党的长期执政能力建设，坚持和完善党的领导制度体系，完善决策科学、执行坚决、监督有力的权力运行机制，确保了党和人民赋予的权力始终用来为人民谋幸福。与此同时，深化党和国家机构改革，健全党和国家机构职能体系，构建系统完备、科学规范、运行高效的制度体系，把制度优势更好转化为国家治理效能。

第三，不断增强党的自我革新能力。新时代党的建设要以调动全党积极性、主动性、创造性为着力点，教育和激励广大党员干部加强斗争精神和斗争本领养成，练就过硬本领，以昂扬向上、奋发有为的精神状态投入到新时代党的建设新的伟大工程和中国特色社会主义伟大事业中去。建立不忘初心、牢记使命制度，锤炼党员干部改革创新超越、忠诚干净担当的政治品格。“干部要把党的初心、党的使命铭刻于心，这样，人生奋斗才能有更高的思想起点，才有不竭的精神动力。”①坚持问题导向，坚决破除一切不合时宜的思想观念和体制机制弊端，突破利益固化的藩篱，铲除腐败问题产生的土壤和条件，营造风清气正的政治生态。

①《习近平谈治国理政》第3卷，外文出版社2020年版，第520页。

坚持守正创新，通过民主集中制集中全党智慧和力量，保证党的正确决策和有效实施；落实好干部标准，建设堪当民族复兴重任的高素质干部队伍；健全容错纠错机制，鼓励广大党员干部担当作为；高度重视解决形式主义、官僚主义问题及其新动向、新表现，以改进党的作风和形象，激励党员干部真抓实干；完善党内关怀帮扶机制，将政治上激励、工作上支持、待遇上保障、心理上关怀的要求落到实处。

第四，不断增强党的自我提高能力。党的自我提高能力不仅体现在要有新本领，即推动高质量发展本领、服务群众本领、防范化解风险本领等方面，而且还要有新境界，涵养富贵不能淫、贫贱不能移、威武不能屈的浩然正气，不断提升政治境界、思想境界、道德境界。持续加强思想淬炼、政治历练、实践锻炼、专业训练，全面增强党的政治领导力、思想引领力、群众组织力、社会号召力，确保全党旺盛生命力和强大战斗力。强化党性党风党纪一起抓，不断加强党员干部的党性修养、作风养成和纪律意识，永葆共产党人的先进性和纯洁性。

第七章

如何始终保持风清气正的政治生态

如何始终保持风清气正的政治生态，是习近平总书记提出的大党独有难题之一，要求全党坚持不懈巩固涵养良好政治生态，确保党永远不变质、不变色、不变味。2013年1月，习近平总书记在十八届中央纪委二次全会上提出“净化政治生态”这个重大命题，深刻指出：“改进工作作风，就是要净化政治生态，营造廉洁从政的良好环境”①。此后，在其一系列公开讲话及文章中对如何加强党内政治生态建设作了系统论述。以习近平同志为核心的党中央将净化党内政治生态上升到了关乎党的团结统一和生死存亡的战略高度，系统提出了党内政治生态建设的重要意义、基本要求。营造健康洁净、风清气正的从政环境，使党的先进性和纯洁性得以提高，党组织的创造力和凝聚力得以提升，党的全面领导地位得以进一步巩固。

第一节　党内政治生态关乎党的团结统一，关乎党的生死存亡

“党内政治生态”是党的十八大以来全面从严治党的一个重要命题，是推进党的建设新的伟大工程的新范畴、新表达。党内政治生态建设关乎党心、民心，是党和国家各项事业康发展的政治保证。“自然生态要山

① 《习近平关于全面从严治党论述摘编》，中央文献出版社2016年版，第148页。

清水秀，政治生态也要山清水秀”[①]，“政治生态好，党内就会正气充盈；政治生态不好，党内就会邪气横生”[②]。2016 年 6 月，中共中央政治局围绕“严肃党内政治生活、净化党内政治生态”进行了第三十三次集体学习，习近平总书记强调：“严肃党内政治生活、净化党内政治生态是伟大斗争、伟大工程的题中应有之义，是我们党坚持党的性质和宗旨的重要法宝，是我们党实现自我净化、自我完善、自我革新、自我提高的重要途径”[③]，深刻揭示了净化政治生态对于党和国家事业发展的重要意义。党百余年的奋斗历程表明：“严肃认真的党内政治生活、健康洁净的党内政治生态，是党的优良作风的生成土壤，是党的旺盛生机的动力源泉，是保持党的先进性纯洁性、提高党的创造力凝聚力战斗力的重要条件，是党团结带领全国各族人民完成历史使命的有力保障，是我们党区别于其他非马克思主义政党的鲜明标志。”[④]

一、坚持党的性质和宗旨的重要法宝

党内政治生活及其生态环境，反映了一个政党的党风。有什么样的政治生态，就有什么样的党风政风。中国共产党只有始终严肃党内政治生活、净化党内政治生态，才能更好地坚持为人民服务的根本宗旨，坚守党是中国工人阶级的先锋队、是中国人民和中华民族的先锋队这一党的根本性质。健康洁净的党内政治生态，从历史逻辑看，是中国共产党始终保持旺盛生机的动力源泉；从现实逻辑看，是新时代中国共产党继续保持创造力凝聚力战斗力的重要条件。

① 《习近平总书记系列重要讲话读本（2016 年版）》，人民出版社 2016 年版，第 122 页。

② 《十九大以来重要文献选编》（上），中央文献出版社 2019 年版，第 539 页。

③ 《习近平关于全面从严治党论述摘编》，中央文献出版社 2016 年版，第 38 页。

④ 《习近平关于全面从严治党论述摘编》，中央文献出版社 2016 年版，第 42 页。

始终保持风清气正的政治生态是中国共产党旺盛生机的动力源泉。中国共产党历经百余年风雨洗礼而依然朝气蓬勃、意气风发，与其始终开展严肃认真的党内政治生活、始终保持风清气正的政治生态密切相关。始终保持风清气正的政治生态，是我们党的优良传统和党保持生机旺盛的动力源泉。我们党从成立之日起，就高度重视党内政治生活，加强政治生态建设。新民主主义革命时期，为纠正党内和军队中出现的极端民主化、非组织化错误倾向，毛泽东首次提出“使党员的思想和党内的生活都政治化，科学化”[①]的思想。为了进一步批驳当时党内存在的右倾机会主义和“左”倾教条主义错误，党开展了正确的党内思想斗争，逐步确立了实事求是的思想路线，加强政治纪律建设，在延安整风运动期间建立了党内政治生活的制度，加强党内团结、净化党内政治生态；社会主义革命和建设时期，为了建设一个强大的社会主义国家，党强调必须有中央的强有力的统一领导和统一纪律，建立集中统一的领导体制，开展整风整党运动、反腐败斗争和反分裂斗争等，加强党内政治生态建设；改革开放和社会主义现代化建设新时期，针对当时党内思想僵化的现象，党首先进行了指导思想上的拨乱反正，明确党内政治生活规范、制定《关于党内政治生活的若干准则》，建立惩防并举的反腐败体系等等，使“党内政治生态建设走向规范化、体系化、综合化”。新时代，党依据党内形势的新变化，严明党的政治纪律、制定《关于新形势下党内政治生活的若干准则》，持续推进高压反腐、全面改进党的作风，开展“不忘初心、牢记使命”主题教育活动等，党内政治生态建设不断向纵深推进。总之，一代代中国共产党人坚守和传承严格党内政治生活的优良传统，在党内政治生活的“大熔炉”中淬火成钢。在长期的党的建设伟大实践中，逐步形成了以实事求是、理论联系实际、密切联系群众、批评和自我批评、民主集中制、严明党的纪律等为主要内容的党内政治生活

① 《毛泽东选集》第1卷，人民出版社1991年版，第92页。

基本规范，风清气正的党内政治生态不断形成和发展，中国共产党显现出蓬勃发展的旺盛生机。

始终保持风清气正的政治生态是新时代党提高创造力凝聚力战斗力的重要条件。新时代中国共产党人只有驰而不息地净化党内政治生态、严格政治纪律和政治规矩，才能始终保持其强大的战斗力、凝聚力和创造力。正如党的十八届七中全会公报深刻指出："如果没有党中央权威和集中统一领导、没有严格的政治纪律和政治规矩、没有风清气正的良好政治生态，就会丧失创造力、凝聚力、战斗力，就会丧失执政基础和执政能力，就会严重脱离人民，就不可能担负起领导人民进行改革开放和社会主义现代化建设的历史重任。"① 中国共产党是一个有着 9800 多万名党员、500 多万个基层党组织的大党，是一个领导着 14 亿多人民进行改革开放和社会主义现代化建设的马克思主义执政党。如果没有风清气正的良好政治生态，党就很难能够凝聚 14 亿人口的合力建设社会主义现代化国家，就难以在斗争中形成坚不可摧的战斗堡垒，难以在领导国家经济、政治、文化、社会、生态等各领域中有效发挥创造性。因此，新时代党必须始终保持风清气正的政治生态，这有利于进一步改善党群关系，加强和巩固党的团结，持续增强党的创造力、凝聚力、战斗力，使党焕发出新的强大生机活力，为推进党的自身建设和国家事业发展提供重要条件和坚强政治保证。

二、推进党的自我革命的必然要求

从马克思主义政党建设角度而言，严肃党内政治生活、净化党内政治生态，既是其区别于各种非马克思主义政党的鲜明标志，也是中国共产党推进自我革命，实现自我净化、自我完善、自我革新、自我提高的

① 《中国共产党第十九次全国代表大会文件汇编》，人民出版社 2017 年版，第 181 页。

重要途径和必然要求。

始终保持风清气正的政治生态是马克思主义政党的鲜明标志。2014年10月，习近平总书记在党的群众路线教育实践活动总结大会上的讲话中指出：严肃党内政治生活需要多方努力，其中至关重要的一点是“要使全党深刻认识马克思主义政党有别于其他政党的本质特征”[①]。中国共产党作为马克思主义政党，是基于共同的理想和纲领组织起来的政治集团，具有严密的组织体系和高度的组织纪律性。中国共产党的党内政治生态系统，有着区别于非马克思主义政党的鲜明特色和显著优势。一方面，在行为主体方面，中国共产党相比较于资产阶级政党而言，行为个体即广大党员具有高度的政治自觉，旗帜鲜明讲政治是我们党作为马克思主义政党的根本要求；组织行为主体具有严密的组织体系和严明的纪律和规矩，党的组织构成、组织原则，以及党内纪律、党内规矩，具有更加严格的政治要求。另一方面，在制度环境方面，中国共产党是按照民主集中制原则所组织的党，民主集中制是正确规范“党内政治生活、处理党内关系的基本准则”。这一制度既充分发扬民主、善于集中统一，又妥善处理了党内组织的各种关系，如习近平总书记指出：“要坚持按民主集中制原则处理党内组织和组织、组织和个人、同志和同志、集体领导和个人分工负责等重要关系，发扬党内民主、增进党内和谐，实行正确集中、维护党的团结统一。”[②]此外，党通过建章立制，不断立“明规矩”、破“潜规则”、完善党内政治生活等各方面制度，压缩消极腐败现象生存空间和滋生土壤，促进政治生态不断得以改善，使党内的政治生态风清气正，彰显了马克思主义政党的鲜明特质。

始终保持风清气正的政治生态是实现自我净化、自我完善、自我革

---

① 《十八大以来重要文献选编》（中），中央文献出版社2016年版，第96页。

② 《习近平关于全面从严治党论述摘编》，中央文献出版社2016年版，第29页。

新、自我提高的内在要求。解决党内存在的各种难题，必须要有一个好的政治生态。营造风清气正的良好政治生态，是推进自我革命的有效途径。党的十八大以来，以习近平同志为核心的党中央将全面从严治党纳入战略布局，把严肃党内政治生活、净化党内政治生态摆在更加突出位置，将严肃党内政治生活上升到全面从严治党的基础的高度。习近平总书记在庆祝中国共产党成立95周年大会上的讲话中强调："严肃党内政治生活是全面从严治党的基础。党要管党，首先要从党内政治生活管起；从严治党，首先要从党内政治生活严起。"① 抓好了党内政治生活，全面从严治党就有了重要基础。习近平总书记不断强调，要"认真贯彻执行党章和党内各项制度规定，努力提高党内政治生活的原则性和战斗性"②，在党内形成弘扬正气的大气候。这个"大气候"，指的就是要形成风清气正的政治生态。勇于自我革命，严肃党内政治生活，净化政治生态，是无产阶级政党实现自我净化、自我完善、自我革新、自我提高的必要方式，也是新时代中国共产党实现兴党强党、兴国强国的重要保障。中国共产党在进行自我革命过程中，始终聚焦党内存在的突出问题，严肃党内政治生活，净化政治生态。坚持人民至上，在维护最广大人民根本利益中进行自我革命；坚定理想信念，加强马克思主义理论教育与教育实践活动；深入推进反腐败斗争，造就忠诚干净担当的干部队伍；以制度为保障，构建党的自我革命长效机制。尤其是党的十八大以来，经过持续用力，党内政治生活出现了许多新气象。党从思想政治层面正本清源，依靠人民监督和自我革命，纯洁党的队伍，坚持与党内不正之风作斗争，树立良好作风，严明纪律规矩，着力规范党员行为，以零容忍态度惩治腐败，全面净化党内政治生态，从而不断增强党自我净化、自我完善、自我革新、自我提高的

---

① 习近平：《在庆祝中国共产党成立95周年大会上的讲话》，人民出版社2016年版，第23页。

② 《习近平关于全面从严治党论述摘编》，中央文献出版社2016年版，第29页。

能力，把党锻造得更加坚强有力，在实践中推动党和国家事业不断向前发展。

三、推进伟大斗争、实现伟大梦想的重要保障

营造风清气正的良好政治生态，是我们党团结带领全国各族人民进行伟大斗争、建设伟大工程、推进伟大事业、实现伟大梦想的必然要求。其不仅事关党的建设新的伟大工程，更是新时代继续推进伟大斗争的重要前提与基础，为实现中华民族伟大复兴提供坚实政治保障。

始终保持风清气正的政治生态是推进伟大斗争的重要前提与基础。严肃党内政治生活，始终保持风清气正的政治生态，是夺取伟大斗争胜利的有力保证。“做好各方面工作，必须有一个良好政治生态。政治生态污浊，从政环境就恶劣；政治生态清明，从政环境就优良。”① 当前，我们党正在团结带领全国人民进行具有许多新的历史特点的伟大斗争，面临的任务极其繁重，挑战十分严峻。新时代伟大斗争体现在政治、经济、文化、社会、生态、党的建设、国防建设等各个实践领域、各个方面。这些领域的斗争相互交织、相互渗透，局部的斗争形势会影响到全局。而营造风清气正的良好政治生态，不仅有助于解决党的建设中存在的问题，增强党的自我净化、自我完善、自我革新、自我提高能力，而且对其他领域的斗争也具有重要影响。有助于使广大党员及领导干部自觉抵制商品交换原则的侵蚀，培树社会正气，凝心聚力，为进行伟大斗争提供优良的政治生态环境，确保党始终成为中国特色社会主义事业的坚强领导核心。

始终保持风清气正的政治生态为实现民族复兴提供坚实政治保障。

① 《习近平关于全面从严治党论述摘编》，中央文献出版社 2016 年版，第 33 页。

实现第二个一百年奋斗目标、以中国化现代化建设全面推进中华民族伟大复兴的历史使命，对新时代党内政治生态建设提出了更高的要求。党内政治生态建设，要为推进社会主义现代化强国建设、实现民族复兴提供根本政治保证。中国共产党立志于中华民族千秋伟业，作为领导、推动社会主义现代化强国建设的核心力量，中国共产党在推进中国化现代化建设，以实现中华民族伟大复兴进程中，要同步推进党自身领导及自身建设的现代化。党自身领导及自身建设的现代化包含多重意涵，其中，党内政治生态的洁净化是重要组成部分。在新时代，面对世界百年未有之大变局、中华民族伟大复兴战略全局，世情国情党情不断地深刻变化，中国共产党人必须坚持党内政治生态建设永远在路上，始终保持风清气正的良好政治生态，弘扬忠诚老实、公道正派、实事求是、清正廉洁等价值观，坚定不移地把新时代党内政治生态建设推向深入，使党内政治生态建设有新气象新作为，持续推动新时代党内政治生态建设的精准发力，不断提高广大党员的政治觉悟和政治能力，才能为党的现代化、国家治理体系和治理能力现代化持续输送新动能新活力，使党永葆蓬勃朝气，永远做人民公仆、时代先锋、民族脊梁，助力中华民族伟大复兴这一宏伟目标的实现。

第二节　把净化党内政治生态摆在更加突出的位置来抓

“浇风易渐，淳化难归。”对于一个拥有9800多万名党员的长期执政的政党来说，始终保持风清气正的政治生态绝非易事。党的十八大以来，以习近平同志为核心的党中央从关乎党的团结统一和生死存亡的高度，把党内政治生态建设摆在突出位置，强调：“政治生态和自然生态一样，稍不注意，就很容易受到污染，一旦出现问题，再想恢复就要付出很大代价。”[①] 这深刻指明了保持风清气正的政治生态环境之难，就在于决非一时之功，营造良好的政治生态，形成“起势”易，保持“定势”难；取得“优势”易，达到“胜势”难。因而，是一项必须时时警惕、不断巩固的长期任务。

一、始终保持风清气正的政治生态，难在必须长期坚守

中国共产党是中国工人阶级的先锋队，同时是中国人民和中华民族的先锋队，没有任何自己特殊的利益，从来不代表任何利益集团、任何权势团体、任何特权阶层，在党内决不允许存在形形色色的利益集团，也决不允许结党营私，这是保持党的先进性和纯洁性的根本所在，也是强调始终保持风清气正的政治生态的根本立足点。从古田会议到遵义会议，再到延安整风，以及新中国成立后的历次整党整风、主题教育活动，历史与实践表明，营造良好的政治生态是我们党的优良传统和政治优势，保证了党充满生机和活力。因而，保持良好的政治生态必须长期坚守。

始终保持风清气正的政治生态是一个历史难题。创业难，守业更难。深入历史，我们就会发现如何始终保持风清气正的政治生态，实际上是一个历史难题。无论是从世界政治历史发展来看，还是从中国两千多年封建王朝的更迭兴替来看，在一个政权的建立初期，往往能够以朝气蓬勃的生命力、奋发有为的进取心、居安思危的谨慎感，取得较大成就与发展。但是随着时间推移，执政地位的稳固、权力腐蚀和执政惯性逐步积累显现，这就必然导致其生机活力日益衰微，进取精神持续减退，忧患意识逐渐淡漠，随着时间推移而走向人亡政息。习近平总书记对此深刻指出，导致盛极而衰的历史悲剧的原因有很多，“其中一个共同的也是

① 《习近平关于全面从严治党论述摘编》，中央文献出版社 2016 年版，第 33 页。

极其重要的原因就是统治集团贪图享乐、穷奢极欲，昏庸无道、荒淫无耻，吏治腐败、权以贿成，又自己解决不了自己的问题，搞得民不聊生、祸乱并生，终致改朝换代”[①]。分析古代封建王朝和世界大党老党兴衰成败的经验教训，我们可以发现，政治生态污浊，从政环境就恶劣，往往就会导致“劣币驱逐良币”，昏庸腐败的现象与行为难以得到整治，其结果就只能是走向灭亡；而政治生态清明，从政环境就优良，才能够有效实现自我净化，实现长盛不衰、做到长期执政。因此，深刻认识到一个政党的执政地位不是与生俱来的，也不是一劳永逸的，如果不自省、不警惕、不努力，再强大的政权都可能走到穷途末路。必须始终保持风清气正的政治生态，破作风之弊、立浩然正气，不断巩固和加强党的执政地位。

始终保持风清气正的政治生态是党持续探索的重要问题。中国共产党历史这么长、规模这么大、执政这么久，是当今世界上最大的政党。能否始终保持风清气正的政治生态事关党的肌体健康，事关我们党能否汇聚起激浊扬清的强大正能量，事关我们党能否做到永远不变质、不变色、不变味。确保中国共产党始终坚守初心使命，永葆先进性纯洁性，跳出治乱兴衰历史周期率，这是一个极难极大的风险挑战。百年来，面对这一涉及政治、经济、文化等方方面面的复合命题，我们党得出了“只有让人民来监督政府，政府才不敢松懈”的第一个答案和“自我革命”第二个答案。历史和现实充分证明，什么时候政治生态好，人心就顺、正气就足，就能够为我们过滤来自方方面面的“污染源”，提供抵御权力腐蚀、思想腐化、行为腐败的软约束；什么时候政治生态不好，就会人心涣散、弊病丛生。因此，党要实现创业、守业、兴业，必须深刻认识到党的先进性不是一成不变的，过去先进不等于现在先进，现

① 习近平：《推进党的建设新的伟大工程要一以贯之》，《求是》2019 年第 19 期。

在先进不等于永远先进。必须始终将净化政治生态摆在党的建设的突出位置，坚决克服松劲歇脚、疲劳厌战的情绪，始终坚持问题导向，不断探索始终保持风清气正的政治生态的有效途径，推进政治生态建设走向深入。

二、始终保持风清气正的政治生态，难在必须直面危险考验

“其作始也简，其将毕也必巨。”当前，世界之变、时代之变、历史之变正以前所未有的方式展开。带领全国人民踏上新时代新征程的中国共产党，仍然面临许多前所未有的新情况、新问题，新挑战，形势之复杂、责任之重大、任务之艰巨世所罕见、史所罕见。习近平总书记在党的第二十次全国代表大会上再次强调，“党面临的执政考验、改革开放考验、市场经济考验、外部环境考验将长期存在，精神懈怠危险、能力不足危险、脱离群众危险、消极腐败危险将长期存在”。[①] 始终保持风清气正的政治生态，必须直面“四大考验”、防范“四种危险”。

始终保持风清气正的政治生态，必须直面“四大考验”。立足新时代新征程中国共产党的使命任务，只有科学研判“时”与“势”，辩证把握“危”与“机”，才能决胜于千里之外。党对“四大考验”的科学判断深刻揭示了党在新的历史条件下面临的严峻考验：一是结合中国共产党大国执政、长期执政的特点，如何继续保持党的肌体的生机和活力，继续坚持科学执政、民主执政、依法执政的重大考验；二是如何确保中国始终沿着中国特色社会主义道路前进，坚决避免发生方向性、颠覆性的执政风险，不断破解新时代新征程上高质量发展的卡点瓶颈，啃下重点领域改革的硬骨头的重大考验；三是如何防止有的党

① 习近平：《高举中国特色社会主义伟大旗帜 为全面建设社会主义现代化国家而团结奋斗——在中国共产党第二十次全国代表大会上的报告》，人民出版社 2022 年版，第 64 页。

员，尤其是领导干部成为利益集团和权势团体的代言人、代理人，政商勾连破坏政治生态和经济发展环境的重大考验；四是身处存在诸多不确定性因素的国际环境中，如何始终掌握维护国家安全的战略主动，及时化解、应对大国竞争所导致的国际冲突，塑造中国和平发展所需要的稳定秩序等问题的重大考验。营造风清气正的政治生态，必须直面“四大考验”，始终保持战略清醒和战略坚定，以政治自觉、思想自觉和行动自觉主动应对，才能确保党始终充满生机活力、始终走在时代前列。

始终保持风清气正的政治生态，必须防范“四种危险”。如果说，“四大考验”主要来自外部，那么“四种危险”则主要是关乎政治生态是否清明的内因。当前，我们已经胜利完成了第一个百年奋斗目标，比历史上任何时期都更接近、更有信心和能力实现中华民族伟大复兴。处在大有可为的历史机遇期，必须警惕的是少数党员干部沉湎于过去积淀的“老本”，满足于躺在成绩的“功劳簿”上，丧失革命者的高尚品格，不愿再付出努力，出现理想信念动摇，骄傲自满滋生，急功近利，乃至出现违法乱纪等严重问题；必须警惕有的党员干部缺乏担当精神、创新精神，能力本领欠缺，不能适应新时代国家变革转型和创新发展的现实需要；必须警惕少数党员干部中形式主义、官僚主义、享乐主义、奢靡之风等“四风”问题反弹回潮的风险，坚决防止特权思想和特权行为死灰复燃；最要警惕的，是极个别党员未能自觉抵制商品交换原则对自身的侵蚀，对“围猎”放松警觉，导致消极腐败的严重问题。这些都是关系到党的生死存亡，关系政治生态能否山清水秀，永葆党的先进性和纯洁性必须直面的重大现实问题。可见，始终保持风清气正的政治生态，难就难在影响党内政治生态的消极因素无时不有、无处不在，必须时时刻刻直面危险，才能永葆党员干部的政治本色。

三、始终保持风清气正的政治生态，难在必须久久为功

“冰冻三尺，非一日之寒”。我们要破解如何始终保持风清气正的政治生态这一难题，就要深刻认识到这是一项长期任务和系统工程，不可能毕其功于一役。苏联共产党从 1917 年至 1991 年连续执政 74 年，它在拥有 20 万党员时夺取了政权，拥有 200 万党员时打败了希特勒，而在 1991 年拥有近 2000 万党员时，却在剧变中失去了政权“亡党亡政”。纵观世界政党的沉浮兴衰，我们应当深刻警醒。中国共产党作为世界上最大的政党，大就要有大的样子，大也有大的难处。这其中就包括如何巩固和加强党的自身建设，确保超大规模政党的政治生态始终健康洁净这一难题。

强健党的肌体绝非一朝一夕。改革开放以后，我们党内一度出现的“七个有之”问题曾严重影响党的形象和威信，损害了党群干群关系，引起广大党员、干部、群众强烈不满和义愤。党的十八大以来，以习近平同志为核心的党中央坚持思想建党和制度治党同向发力，严肃党内政治生活，党内教育实现常态化、制度化，推动风清气正的党内政治生态不断修复和发展。这十年来的实践深刻表明，始终保持风清气正的良好政治生态，为推进党的建设提供了最深厚的基础。而良好政治生态的基础在于全体党员和党组织的思想自觉、行动自觉与共同担当。其中，党员领导干部是“关键少数”。中央组织部最新党内统计数据显示，截至 2022 年底，中国共产党党员总数为 9804.1 万名，比 2021 年净增 132.9 万名，党的基层组织 506.5 万个，比 2021 年净增 12.9 万个。同时，数据还公布了党员队伍在年龄、职业等方面的构成情况。这一组数字，一方面表明，党员数量不断增多，组织规模不断扩大，党的力量得到不断充实和壮大；另一方面也表明，随着党员年龄梯次变大，党员队伍的来源构成、思想观念、价值取向、利益诉求等日益多样化，党内状

况也在不断发生变化。正如习近平总书记强调的那样："我们这么大的党、这么多党组织和党员，如果都各行其是、自作主张，想干什么就干什么，想不干什么就不干什么，那是要散掉的。"[①] 如何防止一些新兴行业、基层组织、企业员工、流动人口中出现"游离型党员"；如何防止少数党员在市场经济中迷失自我、背离使命、理想信念动摇，甚至堕落腐化；如何发挥老党员和青年党员的特长形成合力共同维护良好政治生态；如何严明组织纪律和政治规矩，防止党组织成为来去自由的"大车店"、各取所需的"大卖场"、自行其是的"私人俱乐部"；如何防止领导班子特别是一把手搞家长制、一言堂或自由主义、分散主义、宗派主义……这些都对管党治党提出了新的难题。习近平总书记警醒全党："这么大一个党，处在执政地位、掌控执政资源，很容易在执政业绩光环的照耀下，出现忽略自身不足、忽视自身问题的现象，陷入'革别人命容易，革自己命难'的境地"[②]，进一步凸显了洁净政治生态的重要意义。

铲除腐败这个最致命的"污染源"绝非一朝一夕。"新松恨不高千尺，恶竹应须斩万竿。"保持风清气正的政治生态环境，首先要铲除腐败这个最致命的"污染源"，这是保持政治生态山清水秀的必然要求。如果党内有腐败分子藏身之地，政治生态必然会受到污染。身处一个被污染的政治生态，其中的党员干部就会松垮懒散、各行其是，甚至蜕化变质，如果任其发展蔓延下去，必将给党和国家的事业带来严重损害。因此，只有下大气力拔"烂树"、治"病树"、正"歪树"，才能让党内正能量充沛，让歪风邪气无所遁形。党的十八大以来，党中央坚持重遏制、强高压、长震慑，以猛药去疴、重典治乱的决心，以刮骨疗毒、壮士断腕的勇气，坚定不移整治群众身边腐败问题，深入开展国际追逃追

---

① 《十八大以来重要文献选编》（上），中央文献出版社 2014 年版，第 767 页。

② 习近平：《论坚持全面深化改革》，中央文献出版社 2018 年版，第 327 页。

赃，反腐败斗争取得压倒性胜利并全面巩固。这是我们党高度重视自身建设，不断净化党内政治生态的结果。但同时，在新时代新征程上，“我们要居安思危，时刻警惕我们这个百年大党会不会变得老态龙钟、疾病缠身”①。要时刻自省，一些影响党内政治生活、政治生态的消极因素尚未根除，一些深层次矛盾和问题尚未根本解决，一些老问题死灰复燃、反弹回潮的隐患依然存在。特别是意识形态领域的斗争更加尖锐复杂，一些负面的东西还会不断侵蚀和渗透到党内政治生活中来。因此，清除一切侵蚀党的健康肌体的病毒决非一朝一夕，补钙壮骨、去腐生肌决非一朝一夕，培厚良好政治生态的土壤决非一朝一夕。要不断增强直面问题的勇气和自身从严、从本级从严、从现在从严的意识，落实主体责任，把党的领导落到实处，通过不断营造风清气正的“小气候”来形成风清气正“大气候”，以全党优良的政治生态积蓄强大正能量，汇聚起全面建设社会主义现代化国家、全面推进中华民族伟大复兴的磅礴力量。

第三节　综合施策、协同推进始终保持风清气正的政治生态

党的十八大以来，以习近平同志为核心的党中央就“如何始终保持风清气正的政治生态”这一大党独有难题进行不懈探索，加强党内政治文化建设、严肃党内政治生活、抓好选人用人风向标、持之以恒推进反腐败斗争，锲而不舍、久久为功，风清气正的党内政治生态不断形成和发展，实现正气充盈、政治清明。

① 《习近平谈治国理政》第 4 卷，外文出版社 2022 年版，第 544 页。

一、加强党内政治文化建设，涵养风清气正的政治生态

党内政治文化是我们党在长期的党内政治生活中积淀形成的政治信仰、政治情感、政治态度等观念倾向，主要表现在政治理想、政治立场、政治行为等方面。作为一种特殊的组织文化，党内政治文化具有“日用而不觉”“润物细无声”的影响力，潜移默化地滋养着党员干部的思想和心灵，是广大党员干部坚定政治理想、永葆政治本色的精神力量。党内政治文化同党内政治生态之间关系密切、相辅相成。党内政治文化积极健康，政治生态就会风清气正；党内政治文化庸俗腐朽，政治生态就会受到污染。党的十八大以来，以习近平同志为核心的党中央高度重视党内政治文化建设，把党内政治文化建设作为政治生态建设的价值导向和内在精神，推进党内政治文化建设在理论与实践、内容与形式上实现创新发展，以良好政治文化涵养良好政治生态。

首先，坚决破除庸俗腐朽的政治文化。我们的党内政治文化，是以马克思主义为指导、以中华优秀传统文化为基础、以革命文化为源头、以社会主义先进文化为主体、充分体现中国共产党党性的文化。发展积极健康的党内政治文化，必须坚决反对和破除庸俗腐朽的政治文化，正本清源，培育净化政治生态的良好土壤。2016 年，在党的十八届六中全会上，习近平总书记指出：要“旗帜鲜明抵制和反对关系学、厚黑学、官场术、‘潜规则’等庸俗腐朽的政治文化”[①]。2019 年，中共中央印发《关于加强党的政治建设的意见》，对庸俗腐朽的政治文化开列了“负面清单”，向全党发出深刻警示、提出明确要求，必须清醒认识到庸俗腐朽的政治文化的严重危害，反对分散主义、自由主义等错误思想，整治宗派主义、圈子文化、码头文化，狠刹不正之风、破除封建糟

① 《习近平关于全面从严治党论述摘编》，中央文献出版社 2016 年版，第 74 页。

粕。党中央强调，要充分发挥中华优秀传统文化、革命文化和社会主义先进文化的支撑作用，以红色精神培育正确价值观念，抵制腐朽落后文化。

其次，弘扬共产党人价值观。共产党人价值观是党内政治文化的重要组成部分，影响着党内政治文化的面貌。因而，在新时代党内政治文化建设实践中，党中央高度重视共产党人价值观培育，强调要弘扬忠诚老实、公道正派、实事求是、清正廉洁等价值观，提高政治觉悟，锤炼党性修养。忠诚老实，就是要对党、对人民、对同志忠诚老实，说老实话，做老实人。公道正派，就是要不谋私利、不怀私心，坦坦荡荡做人，清清白白做事。实事求是，就是要坚持从实际出发，坚持理论联系实际，勇于坚持真理，修正错误。清正廉洁，就是要树立正确的权力观和利益观，依法用权、正确用权，永葆共产党人政治本色。党的十八大以来，我们党先后组织开展党的群众路线教育实践活动、“三严三实”专题教育、“两学一做”学习教育、“不忘初心、牢记使命”主题教育、党史学习教育、学习贯彻习近平新时代中国特色社会主义思想主题教育，通过学习党的创新理论、学习党的光荣历史、学习党的纪律规矩，将党所倡导的理想信念、价值理念、优良传统深入党员干部心灵，激励党员积极向上，奋发图强，用实际行动践行共产党人价值观。

第三，严明党的纪律和规矩。党内政治文化，既是由崇高的理想信念构成，也是由高度自觉的纪律意识构成。党的十八大以来，党中央坚持把纪律和规矩挺在前面，以严明的纪律管党治党，不断提升纪律建设的时代性和政治性。2015 年，中国共产党印发《中国共产党纪律处分条例》，划出全体党员和各级党组织不可触碰的底线，要求全党以更加严格的党规党纪约束自身。2017 年，党的十九大把纪律建设纳入全面从严治党总布局，并在十九大党章中明确了党的纪律的总体内涵，彰显了纪律建设的重要地位。2018 年，党中央再次修订《中国共产党纪律处分条例》，增写“两个维护”“四个意识”等重要内容，实现纪律制度的与时俱进。在纪律建设中，党中央特别指出要把严守政治纪律和政治规矩摆在首位，强调“政治纪律是最重要、最根本、最关键的纪律”①。党着力加强政治巡视，强化对政治纪律执行情况的监督检查，特别是突出对领导干部的监督检查。坚决惩处有令不行、有禁不止、各行其是、阳奉阴违的行为，有力清除党内圈子文化、码头文化，为全党营造正气充盈的党内政治文化氛围提供纪律保证。

二、严肃党内政治生活，促进良好政治生态不断形成和发展

党内政治生活是党组织教育管理党员和党员进行党性锻炼的主要平台。严肃党内政治生活是纯洁党风的“净化器”，是解决党内矛盾和问题的“金钥匙”，具有净化党内政治生态的重要功能。党的十八大以来，以习近平同志为核心的党中央把严肃党内政治生活作为营造良好政治生态的重要基础和着力点，围绕“着力增强党内政治生活的政治性、时代性、原则性、战斗性”提出了一系列重要论述，采取了一系列重大举措，党内政治生活气象更新，健康洁净的政治生态不断形成和发展。

第一，着力增强党内政治生活的政治性。政治问题，任何时候都是根本性的大问题，严肃党内政治生活，必须增强政治性，促进党员干部把准政治方向、坚定政治立场。2019 年，党中央提出“两个维护”，即坚决维护习近平总书记党中央的核心、全党的核心地位，坚决维护党中央权威和集中统一领导，要求全党在思想上政治上行动上要同以习近平

① 《习近平关于严明党的纪律和规矩论述摘编》，中央文献出版社、中国方正出版社 2016 年版，第 13 页。

同志为核心的党中央保持高度一致，信念坚定、对党忠诚，认真贯彻落实党的各项方针政策，确保全党坚强有力。广大党员干部在党内政治生活中不断提高政治判断力、政治领悟力、政治执行力，坚决克服和纠正了忽视政治、淡化政治、不讲政治的倾向，自觉接受政治体检、净化政治灵魂。

第二，着力增强党内政治生活的时代性。党内政治生活要始终充满活力，必须紧跟时代步伐、回答时代课题，不断增强针对性、吸引力和感召力。党的十八大以来，根据时代变化和实践发展，党中央提出加强党员学习教育，要“创新党内学习制度”、要“强化互联网思想理论引导”；开展党的组织生活要“创新方式方法”；践行党的群众路线，要“改进和创新联系群众方法”等，凸显了时代性、创新性在党内政治生活中的重要性。各级党组织以问题和需求为导向，紧密结合新时代党和国家中心任务，围绕党员干部的思想困惑和最关心的理论问题和现实利益问题，有的放矢开展党内政治生活，让党内政治生活贴近党员、贴近生活。同时，在具体形式上，综合运用现场教学、参与实践、分组讨论等方式方法，创新党内教育形式；深化充分利用新兴网络媒体，积极探索电子党务、网上党校等新型组织生活模式，让组织生活更具时代气息。

第三，着力增强党内政治生活的原则性。习近平总书记指出：“从严治党，最根本的就是要使全党各级组织和全体党员、干部都按照党内政治生活准则和党的各项规定办事。”[①]2016 年，党的十八届六中全会通过《关于新形势下党内政治生活的若干准则》，从坚定理想信念、坚持党的基本路线、坚决维护党中央权威、严明党的政治纪律等十二方面对新形势下规范党内政治生活提出具体要求，确立了加强党内政治

---

① 《习近平关于全面从严治党论述摘编》，中央文献出版社 2016 年版，第 31 页。

生活建设的根本原则，要求党员干部严格贯彻落实准则要求，始终坚持党的思想原则、政治原则、组织原则、工作原则等，正确处理党内关系。同时，党中央要求，要坚持好、运用好、完善好“三会一课”制度、党员领导干部民主生活会制度、党员组织生活会制度、谈心谈话制度、民主评议党员制度、请示报告制度等一系列党的组织生活制度，按照制度要求开展党内政治生活，切实增强党内政治生活制度化水平。

第四，着力增强党内政治生活的战斗性。一段时间以来，一些地方党组织党内政治生活存在平淡化、庸俗化、随意化、形式主义等问题，严重削弱了党内政治生活的战斗性，不利于党内矛盾和问题的有效解决。习近平总书记指出：“增强党内政治生活的战斗性，就是党内政治生活要旗帜鲜明坚持真理、修正错误，勇于开展批评和自我批评，使每个党组织都成为激浊扬清的战斗堡垒，使每个党员都成为扶正祛邪的战斗员。”[①] 党员干部充分利用好批评和自我批评的武器，发扬斗争精神，坚持实事求是，本着对党高度负责的精神，既敢于正视和积极改正自己的缺点，又敢于指出并帮助改进他人的不足，提高我们党发现和解决自身问题的能力。

三、抓好选人用人风向标，推动政治生态持续向上向好

选人用人是风向标，直接影响着政治生态走向。只有抓好选人用人这个导向，才能以风清气正的用人环境促进政治生态的健康发展。党的十八大以来，以习近平同志为核心的党中央确立选人用人新导向、新标准，着力培养忠诚干净担当的高素质专业化干部队伍，用人风气更加清

---

① 《习近平在省部级主要领导干部学习贯彻十八届六中全会精神专题研讨班开班式上发表重要讲话强调 以解决突出问题为突破口和主抓手 推动党的十八届六中全会精神落到实处》，《人民日报》2017 年 2 月 14 日。

明，推动政治生态持续向上向好。

首先，坚决纠正选人用人上的不正之风。一段时间以来，一些地方和部门，选人用人上的不正之风时有发生。有的热衷于拉关系、跑门子、找靠山；有的搞权权交易、权钱交易，买官卖官；还有的地方存在超职数配备干部、低职高配等问题。这些不正之风严重影响和损害党的形象，降低党的威信，污染党内政治生态。习近平总书记强调："选好人、用对人是头等大事，要用最坚决的态度、最果断的措施刷新吏治。"[①]要求各级党委坚持选人用人正确导向，严肃组织人事纪律，坚决纠正和防止选人用人上的不正之风。党的十八大以来，党中央分别于2014年和2019年两次修订《党政领导干部选拔任用工作条例》，详细规定党政干部选拔任用必须遵守的政治纪律和组织纪律，强调要加强干部选拔任用工作全程监督，实行党政领导干部选拔任用工作责任追究制度，进一步推进干部选拔任用工作制度化、规范化、科学化，为防止选人用人不正之风提供重要制度保障。

其次，明确新时代干部选拔任用标准。早在1938年，毛泽东在党的六届六中全会上就提出"才德兼备"的干部标准和"任人唯贤"的干部路线。这一标准和路线作为我们党选人用人的原则性规定，贯穿着革命、建设和改革的各个历史时期。进入新时代，党中央赋予干部标准以新的时代内涵。2013年，习近平总书记在全国组织工作会议上提出"信念坚定、为民服务、勤政务实、敢于担当、清正廉洁"的20字好干部标准，树立选人用人的时代标尺。同时，习近平总书记特别强调，要突出政治标准，严把选人用人政治关。习近平总书记指出："我们党对干部的要求，首先是政治上的要求。选拔任用干部，首先要看干部政治上清醒

---

① 《习近平关于党风廉政建设和反腐败斗争论述摘编》，中央文献出版社、中国方正出版社2015年版，第115页。

不清醒、坚定不坚定。”[①] 要从是否牢固树立“四个意识”、是否坚定“四个自信”，是否始终做到“两个维护”，是否善于从政治上看问题，是否始终同党中央保持高度一致等方面选拔干部。在干部任用方面，党中央提出要坚持事业为上，以事择人、人岗相适，着眼于党和国家事业发展需要，把合适的干部放到合适的岗位上。

最后，坚持从严管理考核干部。好干部既是选出来的，也是管出来的。进入新时代，党中央进一步完善干部从严管理体系，干部从严管理经常化、制度化，党风政风得到明显改善。一是明确干部管理“管什么”。管思想，强化干部思想理论武装，提升政治素养，确保始终对党忠诚、信仰坚定；管工作，加强业务培训和业绩考核，着力提升专业化能力，激发干部干事创业积极性；管作风，深入整治形式主义、官僚主义，密切干群关系，切实解决好干部同群众的感情问题，帮助干部牢固树立为民服务的宗旨意识；管纪律，围绕六大纪律特别是政治纪律，对干部队伍加强教育和监督，时刻提醒干部严守规矩、不逾底线，做好守纪律的表率。二是明确干部管理“怎么管”。要在日常监督上下功夫，从具体问题管起，精准运用“四种形态”，抓早抓小、防微杜渐，更好促进干部履职尽责；要把“一把手”管好，制定更加严格的管理制度，综合运用专项督查、巡视巡察等方式方法，切实履行好任职谈话、监督提醒等职责，把领导干部管住用好；要发挥好党内监督、群众监督、舆论监督等作用，实现全员监督、全过程监督、全方位监督，不断提升干部监督的精准性和有效性。

四、持之以恒推进反腐败斗争，铲除政治生态最大“污染源”

腐败是政治生态最大的污染源，腐败问题得不到纠治，风清气正的

① 习近平：《努力造就一支忠诚干净担当的高素质干部队伍》，《求是》2019 年第 2 期。

政治生态就难以形成。反腐败是最彻底的自我革命，有利于净化政治生态、经济生态，确保党基业长青。党的十八大以来，以习近平同志为核心的党中央坚持无禁区、全覆盖、零容忍，不敢腐、不能腐、不想腐一体推进，反腐败斗争取得压倒性胜利并全面巩固，党内政治生态得到持续净化。

首先，“打虎”“拍蝇”“猎狐”多管齐下。新时代，我们党将“打虎”“拍蝇”“猎狐”作为全面从严治党、加强反腐败斗争的基本措施和手段，猛药去疴、刮骨疗毒，形成强大震慑，党的自我净化、自我革新能力显著提高。一方面，针对领导干部尤其是高级领导干部的贪污腐化行为，党中央始终保持惩治腐败高压态势严厉打击、坚决查处。同时，党中央推动反腐败斗争向基层延伸，切实解决发生在群众身边的不正之风和“微腐败”问题，持续纠治教育医疗、食品安全、养老社保等民生领域群众反映强烈的问题，增强人民群众在反腐败斗争中的获得感。另一方面，党中央统筹推进国际国内两个反腐败战场，开展“猎狐”行动，把惩治腐败的天罗地网撒向全球。据统计，党的十八大以来，截至2022年10月，全国纪检监察机关共立案审查调查464.8万余件、处分457.3万人，其中立案审查调查中管干部553人，处分厅局级干部2.5万多人、县处级干部18.2万多人。2014年以来，截至2022年10月，“天网行动”共从120多个国家和地区追回外逃人员10668人，追回赃款447.9亿元，“百名红通人员”已有61人归案，铁腕反腐交出沉甸甸的成绩单。

其次，形成一整套比较完善的党内法规体系和反腐败法律体系。制度具有根本性、全局性、稳定性和长期性，依靠制度推进反腐败斗争，依法制约权力、监督权力，是新时代反腐败斗争取得显著成效的重要经验。习近平总书记指出：“要加强对权力运行的制约和监督，把权力关进制度的笼子里，形成不敢腐的惩戒机制、不能腐的防范机制、不易腐的保障机制。”[①] 从审议通过《中国共产党廉洁自律准则》（2015 年）、《中国共产党党内监督条例》（2016 年），到颁布实施《中华人民共和国监察法》（2018 年）、《中华人民共和国公职人员政务处分法》（2020 年），再到起草印发《关于进一步推进受贿行贿一起查的意见》（2021 年）、《中共中央关于加强对“一把手”和领导班子监督的意见》（2021 年），防治腐败的制度笼子扎得更加严密、更加牢固。同时，党中央以党内监督为主导，不断健全党和国家监督体系，充分发挥巡视巡察利剑作用，及时发现和整治腐败问题，推动制度优势转化为治理效能。

第三，筑牢不想腐的思想堤坝。在一体推进“三不腐”中，不想腐是根本。只有解决好领导干部世界观、价值观的问题，从思想上固本培元，才能切实增强党员干部拒腐防变的能力。党的十八大以来，党中央将廉洁文化建设作为反腐败斗争的重要内容，在全党上下扎实深入开展。一是强化理论武装，将习近平总书记关于党风廉政建设、廉洁文化建设的重要论述融入党员干部教育培训中，用党的创新理论教育全党，让廉洁观念入脑入心。二是充分发挥中华优秀传统文化、革命文化和社会主义先进文化的引领作用，挖掘宣传革命先辈的廉洁故事，利用好廉洁教育基地和党性教育基地，教育引导广大党员干部传承党的廉洁基因，始终保持共产党人的政治气节和政治风骨。三是对新时代廉洁文化建设进行全面部署。2022 年，中共中央办公厅印发《关于加强新时代廉洁文化建设的意见》，从多个方面对如何开展廉洁文化建设作出指导，强调要把廉洁文化建设作为一体推进“三不腐”的基础性工程，更加突出廉洁文化在反腐败斗争中的重要地位，推动新时代廉洁文化建设深入发展。

始终保持风清气正的政治生态是推进全面从严治党向纵深发展的迫切需要，对于党更好地凝心聚魂、强身健体具有重要意义。一百多年来，

---

① 《习近平关于党风廉政建设和反腐败斗争论述摘编》，中央文献出版社、中国方正出版社 2015 年版，第 121 页。

我们党始终保持刀刃向内的坚定自觉，排毒杀菌、祛病疗伤，在自我革命中推动党内政治生态持续向上向好。新征程上，必须把营造风清气正的政治生态作为基础性、经常性工作，把握规律、系统思考、合力推进，实现干部清正、政府清廉、政治清明、社会清朗，汇聚起全面从严治党的强大正能量，以政治生态建设的新成效凝聚起推动党和人民事业不断从胜利走向胜利的强大力量。

第八章

解决大党独有难题，实现新时代新征程党的使命任务

2022年10月16日，秋高气爽，丹桂飘香。在北京人民大会堂，中国共产党第二十次全国代表大会隆重召开。党的二十大明确宣示：从现在开始，党的中心任务就是团结带领全国各族人民全面建成社会主义现代化强国，以中国式现代化全面推进中华民族伟大复兴。“全面建设社会主义现代化国家、全面推进中华民族伟大复兴，关键在党”[①]，对加强党的领导、推进党的建设提出了更高要求——“必须时刻保持解决大党独有难题的清醒和坚定”[②]。在实际生活中，加强党的领导与推进党的建设是一个过程的两个方面。只有推进党的建设，有效破解大党独有难题，始终保持党的先进性和纯洁性，不断增强党的创造力、凝聚力和战斗力，才能切实加强党的领导，顺利实现新时代新征程党的使命任务。

第一节　大党独有难题

中国共产党与世界其他政党相比，有许多独到之处，其中突出的特点是：规模如此之大、历史如此之长、执政如此之久、使命如此之重、挑战如此之多，可谓世界上独一无二、无与伦比。作为在大国执政的大

① 习近平：《高举中国特色社会主义伟大旗帜　为全面建设社会主义现代化国家而团结奋斗——在中国共产党第二十次全国代表大会上的报告》，《人民日报》2022年10月26日。

② 习近平：《高举中国特色社会主义伟大旗帜　为全面建设社会主义现代化国家而团结奋斗——在中国共产党第二十次全国代表大会上的报告》，《人民日报》2022年10月26日。

党，中国共产党既具备办大事、建伟业、创奇迹的独特优势，也存在跳出历史周期率长期执政的独有难题，即如何始终不忘初心、牢记使命，如何始终统一思想、统一意志、统一行动，如何始终具备强大的执政能力和领导水平，如何始终保持干事创业精神状态，如何始终能够及时发现和解决自身存在的问题，如何始终保持风清气正的政治生态①。由此可见，大党之大，不仅在于体量大、块头大，而且在于责任担当大、治理难度大。

一、从规模大看独有难题

党的力量来自组织。党的全面领导、党的全面建设、党的全部工作都要靠党的坚强组织体系来实现。只有党的中央组织、地方组织、基层组织坚强有力，形成上下贯通、左右联动、分工合作、步调一致的严密组织体系，党的领导才能卓有成效。党的中央组织是党的路线方针政策的制定者，是统揽全局、协调各方的决策者，在党的组织体系中处于特殊重要地位，其建设状况直接关系党的领导水平和执政能力，直接影响党中央权威和集中统一领导。党的地方组织在本地区发挥把方向、管大局、作决策、促落实的领导核心作用，是贯彻落实党中央决策部署的中间环节，在党的各级组织中处于承上启下的重要地位。党的基层组织是党在社会基层组织中的战斗堡垒，是各领域、各部门、各单位贯彻党的路线方针政策的支撑力量。其中，基层党组织是党的领导和党的建设的坚实基础，是党开展各项工作的基本单元，担负着教育党员、管理党员、监督党员和组织群众、宣传群众、凝聚群众、服务群众的重要职责。只有每个基层党组织都焕发出生机活力，党的整个组织体系才能巩固发展，

① 《习近平在二十届中央纪委二次全会上发表重要讲话强调 一刻不停推进全面从严治党 保障党的二十大决策部署贯彻落实》，《光明日报》2023 年 1 月 10 日。

党的创造力、凝聚力和战斗力才能稳步提升。

我们党作为世界上最大的马克思主义执政党，拥有9800多万名党员、500多万个基层党组织。我们党组织规模之大、党员人数之多，在世界上都是前无古人的。党大有大的优势，也有大的难处。庞大的党员数量使党拥有雄厚的人力资源，但也提高了党员教育管理的成本，增加了保持党员队伍先进性和纯洁性的难度；层级分明的组织架构使党拥有独特的组织优势，但也存在自上而下传导权威逐级递减的危险，增加了全党上下达成共识、行动一致的难度。在新的历史条件下，一些党组织的领导水平和执政能力与经济社会发展的要求不相适应，一些党员干部的思想观念和精神状态与党的先进性和纯洁性要求不相符合。一些党员干部群众观点淡化，宗旨意识弱化，对群众疾苦漠不关心，对群众呼声置若罔闻，对群众利益麻木不仁。少数党员干部顶不住诱惑、耐不住寂寞、守不住底线，经不住改革开放和市场经济的考验，以至党性不纯、作风不正，信念动摇、意志衰退，精神懈怠、工作消极，贪污受贿、腐化堕落，严重损害了党的形象，严重损害了党群关系。一些地方和部门，颐指气使的官僚主义、弄虚作假的形式主义、拉帮结派的山头主义、人身依附的宗派主义、我行我素的自由主义、不讲原则的好人主义、唯利是图的个人主义、游戏人生的享乐主义盛行，严重败坏了党风、政风和社会风气。对于党内存在的这些问题，如果管党治党有力，消极腐败现象得到有效治理，我们党就能够办大事、建伟业、创奇迹；反之，任消极腐败现象滋生蔓延，党就会发生蜕变、丧失民心，就会在各种风险和挑战面前不战自败。

二、从历史长看独有难题

中国共产党一经诞生，就把为中国人民谋幸福、为中华民族谋复兴确立为自己的初心使命。为了实现中华民族伟大复兴，党把马克思主义基本原理与中国具体实际相结合，用中国化时代化的马克思主义指导革命、建设和改革实践，并在实践中把自身建设成为坚强的马克思主义政党；缔造、领导和建设一支无敌于天下的人民军队；领导中国人民浴血奋战，推翻了帝国主义、封建主义、官僚资本主义统治，使亿万人民成为国家和社会的主人；在实现国家独立、民族解放的基础上迎来了国家富强、民族复兴的光明前景；实现第一个百年奋斗目标，开启第二个百年奋斗目标，中国特色社会主义进入了新时代。回顾百年来的奋斗历程，我们党团结带领全国各族人民找到了实现民族独立、人民解放，国家富强、人民富裕的正确道路，中华民族迎来了从站起来、富起来到强起来的伟大飞跃，中国特色社会主义迎来了从创立、发展到完善的伟大飞跃，创造了中华民族发展史、世界社会主义发展史、人类社会发展史上的中国奇迹。

社会主义前途、共产主义理想是同共产党的命运紧密联系在一起的。实现共产主义是一个漫长的历史过程，党要完成自己的历史使命，就必须跳出历史周期率长期执政。从中国历史看，一个朝代、一个政权的兴衰有一个共同规律，往往执政之初，由于统治者接受前朝覆灭的教训，革故鼎新，励精图治，勤政廉洁，使经济得以恢复，国势得以增强。当王朝中期以后，执政者逐渐变成既得利益者，不思进取，贪图享乐，骄奢淫逸，于是各种矛盾骤然爆发，国势开始衰败，以至改朝换代，在腐败的泥淖中演绎着似曾相识的历史悲剧，结果都没能摆脱从夺取政权、暂时昌盛，到官吏腐败、走向灭亡的历史周期率的支配。所谓历史周期率，是指历史上不同朝代共同经历的兴衰治乱、循环往复，改朝换代、周而复始的一种周期性现象。这种周期性现象是中国历代没有解决的难题，也是世界各国没有解决的难题。中国共产党只有破解这个难题，才能永远立于不败之地。党能否跳出历史周期率，是事关党的生死存亡、国家的兴衰成败、社会的安危治乱、人民的利害得失、家庭的悲欢离合、个人的生死祸福的大事。“千头万绪的事，说到底是千家万户的事。”① 如果党摆脱不了历史周期率的支配，失去执政地位，就会危及中国共产党领导，危及我国社会主义制度，危及党、国家和人民的核心利益、根本利益；社会主义现代化进程就会半途而废，中华民族伟大复兴就会前功尽弃，全体人民共同富裕就会化为泡影，经济发展、政治稳定、法治公正、文化繁荣、社会安宁、生态美丽、人民幸福就会走向它的反面。因此，跳出历史周期率是背水一战，只有进路，没有退路；只能勇往直前，不能左右摇摆。

三、从执政久看独有难题

中国共产党既是一个马克思主义政党，也是一个长期执政的政党。在世情、国情、党情发生深刻变化的新形势下，党面临许多前所未有的新挑战新考验。在党面临的诸多考验中，长期执政考验是最大的考验，只有经受住长期执政考验，才能经受住其他各种考验。长期执政考验的实质是权力和时间的考验，权力和时间是对党最为严峻的考验。在实际生活中，权力具有本能的腐蚀作用，往往会诱发官僚主义、特权思想，甚至滋生各种消极腐败现象；时间具有自发的销蚀作用，致使掌权者逐渐发生蜕变，精神懈怠，不思进取，进而引发能力不足、无所作为；导致故步自封、脱离群众，甚至在贪图享乐中坠入消极腐败的深渊。历史和现实昭示我们，“功成名就时做到居安思危、保持创业初期那种励精图治的精神状态不容易，执掌政权后做到节俭内敛、敬终如始不容易，承平时期严以治吏、防腐戒奢不容易，重大变革关头顺乎潮流、顺应民心不容易。”② 在权力和时间的考验面前，没有自我革命的高度自觉、自我

① 《国家主席习近平发表二〇二二年新年贺词》，《人民日报》2022 年 1 月 1 日。
② 《习近平谈治国理政》第 3 卷，外文出版社 2020 年版，第 71 页。

革命的顽强斗志、自我革命的超常智慧，要做到功成名就而居安思危、承平日久而防微杜渐、历经沧桑而敬终如始、饱经风霜而本色依旧是不可想象的。

习近平总书记指出："我们党作为世界第一大党，没有什么外力能够打倒我们，能够打倒我们的只有我们自己。"① 这深刻说明了推进党的建设对于破解大党独有难题的极端重要性。党的建设是指党为保持自身的先进性和纯洁性、增强自身的创造力凝聚力战斗力而从事的一系列自我完善的活动，是守正开新、革故鼎新、除旧布新的过程。其中，党的政治建设，就是正确制定和实施党的政治纲领与各个历史阶段的政治路线，以及为确保政治纲领和政治路线的有效贯彻而对党的组织和全体党员提出的确立政治信仰、坚持政治领导、净化政治生态、站稳政治立场、执行政治路线、弘扬政治传统、培育政治文化等方面的实践要求。党的思想建设，就是通过加强思想教育和理论武装，使党员干部不仅从组织上入党，更要从思想上入党。党的组织建设，就是按照民主集中制原则推进党的组织体系建设、干部队伍建设、人才队伍建设、党员队伍建设，为实现党的宏伟目标而团结奋斗。党的作风建设，就是以党的世界观和价值观武装全党，使党员干部形成与党的性质、宗旨、本色相适应的行为品格和精神风貌。党的纪律建设，就是按照全面从严治党的要求严格执行纪律，确保党的各级组织和全体党员自觉遵守党的各项行为准则。党的制度建设，就是完善党内法规制度体系，健全党内法规实施体系，强化党内法规监督体系，夯实党内法规保障体系，以调节党内关系、规范党员行为，实现管党治党的常态化和长效化。党的清廉建设，就是强化严的意识、树立严的标准、采取严的举措、养成严的习惯，健全不敢腐的惩戒机制、不能腐的防范机制、不愿腐的自律机制。只有切

① 《十八大以来重要文献选编》（下），中央文献出版社 2018 年版，第 591 页。

实把党建设好，才能避免堡垒从内部攻破，团结带领全体人民有效应对各种风险和挑战，确保现代化建设始终沿着中国特色社会主义道路稳步推进。

四、从使命重看独有难题

社会主义发展史昭示我们，无产阶级政党是社会主义事业的领导核心，社会主义事业的兴旺发达，关键在党。党的性质宗旨、理想信念、初心使命、目标任务、地位作用，决定了社会主义前途、共产主义理想是同无产阶级政党的命运紧密联系在一起的。中国共产党以马克思主义为指导思想，以全心全意为人民服务为根本宗旨，以建设社会主义为基本纲领，以实现共产主义为最高纲领。实现共产主义是一个漫长的历史过程，对于我们党来说，取得执政地位只是万里长征走完了第一步，实现党的崇高理想和历史使命，需要我们党跳出历史周期率长期执政。党只有长期执政，才能组织和支持人民当家作主，在全面建设社会主义现代化、实现中华民族伟大复兴的基础上，使全体人民走向共同富裕，最终实现共产主义。

纵观世界社会主义发展史，社会主义从空想到科学、从理论到实践、从一国到多国已走过五百多年的历程。纵观中国社会主义发展史，从一穷二白到全面小康，从国家富强到民族复兴，大约需要一百年的时间。瞻望社会主义发展前景，从民族复兴到世界大同，意味着人类社会将步入物质财富极大丰富，科学文化高度发达，人的素质全面提升，社会关系空前和谐，自然环境异常优美，生活条件十分便利的理想境界，因而需要奋斗更长的时间。不仅如此，随着中国国力不断增强，美国等西方国家对中国崛起的焦虑和不安明显上升，不可避免遭遇林林总总的围堵、遏制和打压。因此，在这个过程中，既有各种困难需要我们克服，各种风险需要我们化解，各种挑战需要我们应对，各种考验需要我们经受，又有复杂斗争需要我们博弈，宏伟事业需要我们推进，艰巨工程需要我们建设，崇高目标需要我们实现。其间，必然伴随着顺遂与挫折、成功与失败、前进与倒退、经验与教训的交织叠加。由此可见，我们党所领导的事业是前无古人的事业，具有超乎想象的长期性、艰巨性和复杂性。前进道路不可能一帆风顺，宏伟蓝图不可能一蹴而就，伟大梦想不可能一夜成真，这一切都需要党带领亿万人民一代接着一代不懈奋斗。实践表明，解决大党独有难题长期执政，既是一项艰巨复杂的系统工程，又是一项持续不断的战略任务，不可能一役毕功、一劳永逸，必须根据时代的发展、形势的变化、任务的转换、人员的更替所带来的矛盾和问题，做到持之以恒、锲而不舍，善始善终、善作善成，以永远在路上的韧劲持续发力、久久为功，才能达到预期目的。实践同样表明，心中有目标，脚下有方向，只要我们党团结带领人民齐心协力以求之、胼手胝足以赴之、艰苦奋斗以为之、殚精竭虑以成之，就一定能够实现全面建设社会主义现代化国家的历史宏愿，取得举世瞩目、彪炳史册的辉煌业绩。

五、从挑战多看独有难题

我们党无论是过去、现在还是将来，征途上既有碧波荡漾，也有惊涛骇浪；既有风和日丽，也有乱云飞渡。今日的中国身处世界百年未有之大变局，中华民族伟大复兴进入关键时期，党面临的风险考验的严峻性和复杂性前所未有，前进的每一步都是一次负重的攀登，都是一次历险的闯关。经济、政治、文化、社会、安全、外交风险将长期存在，长期执政、改革开放、市场经济、外部环境考验将长期存在。尤其值得警觉的是，社会主义市场经济在促进经济社会蓬勃发展的同时，也引起了党内思想观念的深刻变化。市场经济的运行方式是商品交换，价值规律必然在其中发挥作用，促使人们在价值取向上更加注重经济效益和物质利益，以至拜金主义、享乐主义、个人主义在一定范围内有所滋长。部分人不惜损害他人利益来谋取个人利益，甚至把党和人民赋予的权力作为个人捞取好处的资本，促使权力向经济领域、金钱向政治领域双向渗透，从而诱发腐败的滋生和蔓延。

腐败是经济上的吞噬剂，政治上的离心剂，思想上的腐蚀剂，因而对党、国家和人民的事业危害极大。在经济上，腐败大肆吞噬国家和社会财富，使人民群众的切身利益受到严重侵害。腐败作为寄生在社会肌体上的毒瘤，扭曲公共权力运行，扰乱社会经济秩序，妨碍资源有效配置，增加市场交易成本，扩大贫富收入差距，危害社会和谐稳定，严重妨碍经济社会的健康发展。在政治上，腐败同党的性质、宗旨、本色以及先进性和纯洁性是格格不入、根本对立、背道而驰的。腐败行为侵蚀党的性质，践踏党的宗旨，玷污党的本色，是危害党的先进性和纯洁性的重大疾患。因此，腐败败坏党和政府在人民群众心目中的形象，损害党和政府同人民群众的血肉联系，影响人民群众对党和政府的信念、信任和信心，甚至一定程度上动摇党的执政根基的稳固。在思想上，腐败一定程度导致社会风气的败坏和社会良知的丧失。在腐败盛行的情况下，权力和金钱成为社会至上的准则和衡量一切的尺度，公平正义、诚实守信、廉洁奉公这些社会美德被腐败所淹没，使人们失去道德感、责任感、崇高感，从而产生一种消极冷漠的心理，使极端个人主义和道德虚无主义泛滥成灾。无数事实表明：执政基础最容易因腐败而削弱，执政能力最容易因腐败而降低，执政地位最容易因腐败而动摇。因此，反腐败斗争是“一场输不起也决不能输的重大政治斗争”①。

---

①《中共中央关于党的百年奋斗重大成就和历史经验的决议》，《人民日报》2021年11月17日。

第二节 难题破解之道

回顾百年奋斗历程，我们党在进取中突破，于挫折中奋起，从总结中提高，不断扬弃自我、超越自我，不断强化居安思危的忧患意识和防范风险的战略自觉，使丰功伟绩成为奋进的动力、艰难困苦成为进步的阶梯。在新的时代条件下，解决大党独有难题，要求我们站在事关党的长期执政、国家长治久安、人民幸福安康的高度，把全面从严治党作为党的永恒课题，始终坚持问题导向，保持战略定力，发扬彻底的自我革命精神，通过政治引领、理论指导、组织调控、制度规范、机制约束、自我革命，为解决大党独有难题，实现新时代新征程党的使命任务提供可靠的政治保证、科学的行动指南、强大的组织基础和健全的制度机制支撑。

一、以政治引领破解难题

由党的政治属性所决定，政治引领是党为保证其基本理论、基本路线、基本方略的有效贯彻，实现其政治使命、政治目标和政治追求而在政治方面开展的实践活动。党是国家治理的统领者、发展战略的设计者、重大决策的定夺者、全党工作的主导者。党通过顶层设计、战略规划、制度安排和政策制定，确立政治原则、把握发展方向、协调利益关系、凝聚社会力量，确保大党独有难题的有效破解。在破解大党独有难题中，政治引领最重要，是理论指导、组织调控、制度规范、机制约束、自我革命的核心和灵魂。正因为如此，我们党始终坚持把政治建设摆在首位，把维护党中央权威和集中统一领导作为最高政治原则，把党的领导落实到治国理政各领域各方面各环节。其目的就是用党的政治主张、政治纲领、政治路线统一全党的思想和行动，确保全党思想上政治上行动上的高度一致，不断发展党的先进性和纯洁性，增强党的创造力、凝聚力和战斗力，从而使党始终成为中国特色社会主义事业的坚强领导核心。

事在四方，要在中央。坚持党中央集中统一领导是政治引领的最高原则，维护党中央集中统一领导是全党共同的政治责任。党中央是中国政治体系的核心和政治运行的枢纽，党和国家大政方针的决定权在党中央。党中央提出的理论、制定的路线方针政策、作出的决策部署是全党全国各族人民统一思想和行动的基本依据。坚持政治引领，必须坚定维护党中央权威和集中统一领导。对党中央作出的决策部署，政党组织、国家机关、武装力量、人民团体都要贯彻落实。党的任何组织和成员都必须以实际行动维护党中央定于一尊的权威，切实把党中央的集中统一领导贯彻落实到改革发展稳定、内政外交国防、治党治国治军等各领域各方面各环节。坚持政治引领，必须健全维护党的集中统一领导的组织制度，形成党的中央组织、地方组织、基层组织上下贯通、执行有力的严密体系。党的地方组织确保党中央的决策部署在本地区的贯彻落实，党的基层组织确保党中央和上级党组织的决策部署在基层的贯彻落实。坚持政治引领，必须健全党的领导制度体系，完善党领导政党组织、国家机关、武装力量、人民团体等制度，确保党在各种组织中发挥总揽全局、协调各方作用；强化党中央决策议事协调机构职能作用，完善推动党中央重大决策落实机制，严格执行向党中央请示报告制度，确保党中央政令畅通、落到末端。

进入新时代以来，我们党团结带领亿万人民稳经济、促发展，战贫困、建小康，控疫情、抗大灾，应变局、化危机，攻克了一个个险阻难关，创造了一个个人间奇迹，党和国家面貌焕然一新。这一切从根本上说，是因为我们有一个得到全党全军全国各族人民的真诚拥护、高度信赖和衷心爱戴的党的核心、人民领袖、军队统帅，在历史发展的关键时期起到了关键作用。作为新时代中国改革开放的主心骨、现代化建设的领路人，习近平总书记以恢宏政治视野谋划战略全局，以唯物辩证思维应对矛盾风险，以勇于责任担当推进改革创新，以正风反腐惩恶消除政治隐患，以倾力扶贫攻坚解决民生问题，以心系永续发展治理环境污染，带领全党全军全国各族人民胜利实现党的第一个百年奋斗目标，开启实现第二个百年奋斗目标的新征程。在党领导人民创造的辉煌成就背后，蕴含着多少原创性思想，多少关键性抉择，多少战略性举措，多少变革性实践，多少突破性进展，多少标志性成果，这一切都与习近平总书记亲自谋划、亲自领导、亲自部署密切相关。实践表明，党确立习近平同志党中央的核心、全党的核心地位，确立习近平新时代中国特色社会主义思想的指导地位，反映了全党全军全国各族人民共同心愿，对新时代党和国家事业发展、对推进中华民族伟大复兴历史进程具有决定性意义，是破解大党独有难题，完成新时代新征程各项使命任务的根本保证。

二、以理论武装破解难题

历经百年风雨洗礼，我们党之所以能够领导人民在一次次求索、一次次挫折、一次次开拓中完成中国其他各种政治力量不可能完成的艰巨任务，根本在于把马克思主义基本原理同中国具体实际相结合、同中华优秀传统文化相结合，不断推进马克思主义中国化时代化，用马克思主义中国化时代化的科学理论引领伟大实践。党的二十大报告指出："用党的创新理论武装全党是党的思想建设的根本任务。"[①] 在新的

① 习近平：《高举中国特色社会主义伟大旗帜　为全面建设社会主义现代化国家而团结奋斗——在中国共产党第二十次全国代表大会上的报告》，《人民日报》2022 年 10 月 26 日。

时代条件下，学习贯彻习近平新时代中国特色社会主义思想，深刻领悟蕴含其中的博大精深的科学内容、鞭辟入里的精神实质、改革创新的实践要求以及以人民为核心价值、以担当为政治责任、以发展为第一要务的治国理念，从中把握方向、体察规律、获得启迪，自觉用以武装头脑、指导实践、推动工作、锤炼党性、砥砺品格，不断增强敏锐的洞察力、清醒的判断力、果断的决策力、坚定的执行力，切实打牢立身做人、干事创业的思想政治基础，是统一思想认识、凝聚奋进力量的迫切需要，是把握发展大势、明确前进方向的迫切需要，是赢得发展优势、开创崭新局面的迫切需要，是破解大党独有难题的制胜密码和重要法宝。

习近平新时代中国特色社会主义思想应时代之变迁、立时代之潮头、发时代之先声，是思想上破解难题的定盘星、行动上破解难题的指南针。学习贯彻习近平新时代中国特色社会主义思想要结合党的基本理论来系统把握，结合新的历史特点来深刻理解，结合重大现实问题来深化拓展，结合自身工作实际来具体运用，使习近平新时代中国特色社会主义思想成为党员干部立身做人之纲、履职尽责之魂、成长进步之本。习近平新时代中国特色社会主义思想深刻反映了中国共产党人崇高的理想追求、坚定的信念秉持、宽广的政治视野、强烈的使命担当、严谨的科学态度、真挚的为民情怀、务实的工作作风。要把学习贯彻习近平新时代中国特色社会主义思想与加强党性修养结合起来。在政治品行上，要经常对照忠诚干净担当的要求，始终坚定理想信念不动摇，遵守法规制度不逾矩，牢记使命责任不懈怠，做心中有党、心中有民、心中有责、心中有戒的党员干部；在思想作风上，要经常对照严与实的标准，政治上追求忠诚至上，思想上追求奉献至上，工作上追求事业至上，做有信念、有本领、有担当、有正气的党员干部；在廉洁自律上，要经常对照法规制度的规定，切实守住为官一任的政治底线，守住安身立命的行为准则，守住内心世界的一片净土，做廉洁从政、廉洁用权、廉洁修身、廉洁齐家的党员干部。习近平新时代中国特色社会主义思想涵盖经济、政治、文化、社会、生态文明等各个领域，涉及改革发展稳定、内政外交国防、治党治国治军等各个方面。要把学习贯彻习近平新时代中国特色社会主义思想与提高专业技能结合起来。按照科学理论武装、具有世界眼光、善于把握规律、富有创新精神的要求，积极营造尊重知识、尊重人才、尊重劳动、尊重创造的浓厚氛围，通过专业技能的不断提高，促进学习成果由理论向实践转化，着力改善与时代发展要求不相适应的思想观念、能力素质和体制机制，促进全面建设社会主义现代化国家舆论氛围的形成、用人导向的端正、政策举措的落实。

三、以组织调控破解难题

我们党的组织体系是依据党的章程、按照民主集中制原则自下而上建立起来的统一整体，形成了包括党的中央组织、地方组织、基层组织在内的严密组织体系。在新的时代条件下，长期执政能否防止利益固化，改革开放能否坚持正确方向，市场经济能否拒斥金钱诱惑，外部环境能否抵御西化侵蚀，这一切使发挥党的组织调控作用比以往任何时候都更加重要，客观上要求我们增强党内政治生活的政治性，强化政治教育、政治管理和政治监督，让党员干部经常接受政治体检，打扫政治灰尘，净化政治灵魂，增强政治免疫力。增强党内政治生活的时代性，主动适应信息时代新形势和党员队伍新变化，积极运用互联网、大数据、区块链等新兴技术，使党内政治生活向网络延伸、向云端拓展、向数据深化，创新党内政治生活方式，丰富党内政治生活内容，使互联网这个最大变量成为党内政治生活创新的最大增量。增强党内政治生活的原则性，坚持按原则开展党内活动、解决党内矛盾、处理党内关系，严格执行党的组织生活制度，使党内生活庄重、严肃、规范。增强党内政治生活的战斗性，勇于思想交锋、揭短亮丑，旗帜鲜明坚持真理、修正错误，使党员干部始终保持坚定的理想信念，高尚的道德情操，务实的工作作风，廉洁的从政行为。

全面从严治党作为组织调控的根本方针，主题在治党——持续推进党的建设新的伟大工程，使党自身的思想观念、组织结构、运行机制和活动方式科学化民主化法治化，不断提高党的政治领导力、思想引领力、群众组织力、社会号召力。基础在全面——主体全覆盖，内容无空白，工作不松懈，处处守规矩，始终保持党的先进性和纯洁性，增强党的创造力、凝聚力和战斗力。关键在从严——思想教育严，作风养成严，制度规范严，组织管理严，纪律约束严，问题查处严，党内决不允许有不受监督的特殊党员、决不允许有不受制约的特殊权力、决不允许有不受调控的特殊利益，使党员干部无论职位多高、权力多大，都能置身于党和人民的制约监督之中。根本在持续——党内存在的问题有着深刻的社会根源和思想根源，不是集中进行几次教育整顿就能彻底解决的，紧一紧就会有好转，松一松就会有反弹，带有明显的易发性和反复性，要取得深入持久的效果，必须以永远在路上的韧劲持续发力、久久为功，以实现常态化和长效化。落点在自净——对于一级党组织来说，从严治党的力量只有是内生的自净的，才是治本的长效的，因而提高各级党组织解决自身问题能力至关重要。在实际生活中，对于难点棘手问题，要排除人情干扰，敢于较真碰硬，不解决问题不撒手，不抓出成效不罢休；对已经解决的问题，要多打几个回马枪，防止死灰复燃；对反复出现的问题，要分析深层原因，及时弥补制度和管理上的漏洞。进入新时代以来，我们党重温初心、牢记使命，自我革命、从严治党，不仅赢得了保持同人民群众的血肉联系、人民衷心拥护的历史主动，而且赢得了全党高度团结统一、走在时代前列、带领人民实现中华民族伟大复兴的历史主动。

四、以制度规范破解难题

党内法规体系是以党章为根本，以民主集中制为核心，以准则、条例等中央党内法规为主干，由各领域各层级党内法规组成的有机统一整体，主要由党的组织法规制度、领导法规制度、建设法规制度、监督法规制度所组成。党内法规制度反映了党的建设的客观规律，凝结着从严治党的宝贵经验，具有强烈政治属性、鲜明价值导向、科学治理逻辑、统一规范功能。新时代发挥法规制度的规范作用，需要加强顶层设计和战略规划，紧紧围绕赋权、用权、制权等关键环节，不断完善党内法规制度规范体系、党内法规制度实施体系、党内法规制度保障体系、党内法规制度监督体系。与此同时，为适应形势的发展、环境的变化，对现有的法规制度进行科学审视和系统梳理，切实贯彻行之有效的法规制度，认真修改存在缺陷的法规制度，适时废止已经过时的法规制度，抓紧制定现实急需的法规制度，以便切实保持法规制度的生机活力，充分发挥法规制度的整体效能，为破解大党独有难题提供坚实的制度架构和机制平台。

法规制度之要，在程序与细则；法规制度之效，在贯彻与执行。法规制度是一种以行为为调整对象的规范体系，它通过严密的规则、严格的程序和严明的纪律来约束人的行为，任何人都不能凌驾其上、超越其外，任何违规行为都将受到应有的制裁。因此，制度治党必然要求从严治党。实践昭示我们，令行禁止是从严治党的本质规定，不折不扣是从严治党的刚性标准，赏罚分明是从严治党的重要保障。这就要求我们从完善执法制度入手，按照标准化、流程化、精细化准则，细化执法的尺度、步骤、时限和方法，努力提高党内法规制度的执行力。建立执法检查制度、考核评估制度、信息反馈制度，加强对法规制度执行情况的监督检查，切实做到令行禁止、违者必究，使每个党员干部都能学习法规制度、遵守法规制度、执行法规制度、维护法规制度，都能置身于严格的法规制度约束之下。健全责任追究制度，完善责任追究类别、权限和程序，对违法违纪行为发现一起查处一起，做到有权须有责、用权受监督、失职要问责、违规必追究，切实维护法规制度的严肃性和权威性。严格落实各级党组织从严治党的责任，强化严的意识、树立严的标准、采取严的举措、养成严的习惯，使从严治党成为领导干部的管理准则、党员群众的行动自觉。对违纪违法者，以谈话警示、书面检讨、通报批评、调离岗位、责令辞职、纪律处分、依法查办等方式予以追究，使任何人都能够严格依据法规制度规范工作生活秩序，规范办文办事程序，规范决策管理方法，规范对外交往操守。风成于上，俗成于下。领导干部是制度治党的领导者、组织者和实施者，确保法规制度的有效实施，领导干部是关键。因此，领导干部要“时刻把法律的戒尺、纪律的戒尺、制度的戒尺、规矩的戒尺、道德的戒尺牢记于心，把宪法精神、公权属性、公私界限牢记于心，做到心有所戒、行有所止，守住底线、不踩红线、不碰高压线。”① “子率以正，孰敢不正。”领导干部只有率先垂范，才能引领和推动遵纪守法在全党蔚然成风。

五、以机制约束破解难题

机制是由系统配套的法规制度所构成的各个要素紧密联系、良性互动从而产生整体效能的运行模式。机制的科学性来源于对理想信念的追求和对客观规律的把握，来源于对历史经验的总结和现实问题的思考。建立健全各种约束机制，使党员干部办事具有统一的标准、清晰的界限、既定的程序、明确的责任、公开的信息、有效的制约、周延的监督，实现自我净化、自我完善、自我革新、自我提高的常态化和长效化，是破解大党独有难题的必然要求和应有之义。

① 习近平：《推进党的建设新的伟大工程要一以贯之》，《求是》2019 年第 19 期。

为有效破解难题，机制建设要突出针对性、讲究科学性、把握系统性、注重实效性。一是科学决策机制。通过建立决策机构、确立决策原则、健全决策程序、完善决策制度，实现科学决策、民主决策、依法决策。二是权力运行机制。坚持因事设岗、因岗授权、因权赋责、因责问效，把权力授予、权力行使、权力调控各个环节贯通起来。三是制约监督机制。增强党内监督、国家监督、社会监督的集成性，纪律监督、监察监督、巡视监督、派驻监督的协同性，政治监督、法律监督、廉洁监督、绩效监督的联动性，使各权力机构之间、各权力机构内部不同部门之间、各权力机构不同层级之间、各权力机构运行的不同环节之间形成既相互制约和监督，又相互配合和支持的权力结构和运行机制。四是教育管理机制。坚持用科学理论引导人，用先进文化熏陶人，用廉政风范感化人，综合运用思想启迪、文化熏陶、行为调控、心理疏导等方式强化教育管理，使党员干部深切体察“良田千顷，日食一升，广厦万间，夜眠八尺”的浅显道理；深切体察“无私无欲，喜气洋洋，追名逐利，终日惶惶”的确切内涵；深切体察“贪廉一念间，荣辱两重天”的深刻警示；深切体察“毛毛细雨湿衣裳，点点贪念废名节”良苦忠告。五是考核奖惩机制。本着贴近实际、易于操作的原则，制定科学合理、明确具体的评价指标体系，坚持以知识、能力、素质和业绩为衡量尺度，将学习计划落实情况、理论素养提高情况、联系实际应用情况、指导工作成效情况等进行细化量化，重点考核党员干部在政治思想、决策管理、选人用人、履行职责、工作作风、遵纪守法、廉政勤政等方面的表现。六是问题查处机制。查处问题要找准靶子，点中穴位，列出清单，明确分工，规定时限，强化责任，力求清底归零、不留死角。查处问题要保持定力，初心不改，方向不变，既出重拳，又使长劲，以绳锯木断之功、水滴石穿之力一抓到底。查处问题要立说立行，即知即改，坚持从身边问题查起，从具体问题改起，确保一出苗头就能立即发现，一经发现就能及时制止。七是生态净化机制，严明党的纪律，严整党的作风，严肃党内生活，严惩党内腐败，通过不懈努力换来海晏河清、朗朗乾坤。

六、以自我革命破解难题

勇于自我革命是中国共产党的鲜明品格和最大优势，是百年大党历经沧桑依然风华正茂的内在根据。所谓自我革命，是指党本着坚持真理、修正错误的原则，秉持赶考的意识，坚持答卷人的定位，保持刀刃向内的勇气，通过对党员干部队伍进行自我审视，对错误思想观念进行自我矫正，对违纪违法行为进行自我查处，对不适体制机制进行自我扬弃，使党的执政基础不断巩固、执政能力不断增强、执政方式不断优化、执政效能不断提升，实现党自我净化、自我完善、自我革新、自我提高的自觉能动的行为过程。坚持自我革命，要在自我净化上下功夫，通过清除杂质、消除病症、割除毒瘤，不断纯洁党的队伍，维护党的肌体，树立党在群众中的形象和威望。坚持自我革命，要在自我完善上下功夫，全面推进政治建设、思想建设、组织建设、作风建设、纪律建设、制度建设、清廉建设，着力补短板、强弱项、固根本、扬优势。坚持自我革命，要在自我革新上下功夫，坚决破除一切不合时宜的思想观念和体制机制，勇于推进实践创新、理论创新、制度创新，通过革故鼎新不断开辟未来。坚持自我革命，要在自我提高上下功夫，根据世情和国情的发展变化，加强理论学习和实践历练，切实提高党的领导水平和执政能力，不断推动党和国家事业稳步发展。

党的先进性和纯洁性不是天生的，而是在自我革命中锤炼的。从2012年12月到2021年6月，纪检监察机关共立案审查调查省部级以上领导干部393人，厅局级干部2.2万人，县处级干部17.4万余人，乡科级干部 63.1 万人。我们党以严明法纪整饬队伍，刹住了歪风、纠治了顽疾、清除了隐患，党风政风为之一新，党心民心为之一振。事实表明，我们党之所以伟大光荣正确，不在于没有缺点、不犯错误，而在于敢于正视问题，勇于自我革命。自我净化、自我完善、自我革新、自我提高是中国共产党自我革命的有效途径。党之所以能够历经岁月洗礼越发朝气蓬勃、饱经磨难考验依然初心如始，根本在于时刻以自我净化革除自身病毒、以自我完善提升整体形象、以自我革新培育创造活力、以自我提高增强担当本领，形成了以自我革命引领社会革命的高度自觉。我们要永远保持党的先进性和纯洁性，不断增强党的创造力、凝聚力和战斗力，团结带领广大人民把我国建设社会主义现代化国家，必须经常反躬自问：党的性质、宗旨和本色是否得到坚持，党的组织结构、制度体系、运行机制是否得到完善，党的基本理论、基本路线、基本方略是否得到贯彻，党的政治领导力、思想引领力、群众组织力、社会号召力是否得到提高，形式主义、官僚主义等不正之风是否得到克服，以权谋私、贪污受贿等腐败现象是否得到遏制等等；必须坚持党要管党、全面从严治党，始终保持正视问题的自觉，刀刃向内的勇气，抓铁有痕的坚韧，踏石留印的执着，不断清除损害党的先进性和纯洁性的病毒，不断清除侵蚀党的凝聚力、创造力和战斗力的沉疴，永远保持马克思主义政党本色。

千秋伟业，百代梦想。如今，14 亿中国人民豪情满怀、干劲十足，960 万平方公里的祖国大地生机勃发、春意盎然，5000 多年的中华文明光彩夺目、魅力永恒。一个风华正茂的大党，一个日新月异的国家，一个踔厉奋发的民族，未来不可限量，前景一片光明。从执政全国的赶考，到民族复兴的赶考，答卷的中国共产党人，一棒接一棒，永远在路上。当一个政党、一个国家设定百年为奋斗节点，一定是目瞩万里征程；当一种担当、一种方略承接民族的伟大梦想，一定是心系千秋伟业。党的二十大对实现社会主义现代化做出分两步走的战略安排，这是一个大党的使命担当，一个大国的雄心壮志，一个民族的美好未来，是一场史无前例的伟大进军。“胜利不会向我们走来，我们必须自己走向胜利。”只要我们更加紧密地团结在以习近平同志为核心的党中央周围，全面贯彻习近平新时代中国特色社会主义思想，深刻领悟“两个确立”的决定性意义，增强“四个意识”、坚定“四个自信”、做到“两个维护”，以功成不必在我的格局胸怀履行功成必定有我的责任担当，就一定能够破解大党独有难题，实现新时代新征程党的使命任务。

后 记

习近平总书记在党的二十大提出，我们党作为世界上最大的马克思主义执政党，要始终赢得人民拥护、巩固长期执政地位，必须时刻保持解决大党独有难题的清醒和坚定。在二十届中央纪委二次全会上，习近平总书记进一步指出，如何始终不忘初心、牢记使命，如何始终统一思想、统一意志、统一行动，如何始终具备强大的执政能力和领导水平，如何始终保持干事创业精神状态，如何始终能够及时发现和解决自身存在的问题，如何始终保持风清气正的政治生态，都是我们这个大党必须解决的独有难题。解决这些难题，是实现新时代新征程党的使命任务必须迈过的一道坎，是全面从严治党适应新形势新要求必须啃下的硬骨头。解决“六个如何始终”的独有难题，是探索跳出治乱兴衰的历史周期率的重大成果，是建设长期执政的马克思主义政党的重大任务，是推进党的自我革命的重大课题。

本书由天津大学中国共产党人精神谱系研究中心组织编写。各章作者为：第一章（颜晓峰，天津大学）；第二章（王韶兴、张泰，山东大学）；第三章（孙存良，教育部科研发展中心；罗微，北京科技大学）；第四章（张浩，中山大学）；第五章（丁俊萍、魏强，武汉大学）；第六章（卢亮亮，天津大学）；第七章（段妍，东北师范大学）；第八章（王寿林，天津大学）。颜晓峰负责全书提纲设计，卢亮亮、颜晓峰负责全书统稿；卢亮亮负责编写工作协调。

本书的编写出版，得到各位作者所在单位的支持帮助，得到中共党史出版社的支持指导，在此一并表示衷心的感谢。

本书的不足之处，恳请各位读者批评指正。

作者

2023 年 7 月